朱子語類

주자어류 — 권 14

안동섭

조선고사본에서는 '회암선생주문공어류권지십사(晦庵先生朱文公語類卷之十四)'라고 적었다. 통행본 주자어류는 총 140권인데, 그 중 14번째권에 해당한다. 주자어류에 수록된 조목의 수는 모두 14,322개인데, 권 14에는 그중 176개 조목(1.228%)이 수록되어 있다.

지혜의 바다

朱子語類卷 第十四 (주자어류 권 14)

- 2026년 1월 15일 초판 발행
- 지은이 안동섭
- 펴낸이 오연천
- 펴낸곳 지혜의 바다(44610 울산광역시 남구 대학로 93 울산대학교 출판부)
- 전화 (052)259-2488 팩스 (052)277-3011 ▪ 홈페이지 http://uup.ulsan.ac.kr
- 출판등록 제370-1996-000001호(1996.3.13)
- 정가 ₩15,000

- 본서는 울산대학교 저서연구비(번역서, 과제번호: 2025-0393) 지원을 받아 출간되었습니다.

ISBN 979.11.6726.094.9(93150)

머리말

이 책은 주자어류(朱子語類) 전체를 번역하는 프로젝트의 첫 번째 결실입니다. 앞으로 더 자세히 설명하겠지만, 주자어류는 남송(南宋)의 사상가 주희(朱熹, 1130~1170)와 그 제자들의 대화를 기록한 노트를 널리 수집해서 주제별로 분류한 컴필레이션입니다. 제자가 많고 또 스승도 오래 살았는지라 남아 있는 노트가 많았습니다. 그래서 주자어류는 그 분량이 모두 140권, 14,322 조목, 156만여 자에 달합니다. 논어(論語)의 글자수가 약 15,900자 정도이니 대략 그 100배 분량입니다. 본서는 그중 14번째 권, 즉 권 14를 번역한 것으로 모두 176개 조목이 실려있습니다.

주자어류에는 재미있는 내용이 매우 많이 실려있습니다. 주희가 직접 쓴 저술들과 더불어 주자학 연구의 두 기둥으로 꼽기에 손색이 없습니다. 그렇지만 그 중요성에도 불구하고 아직까지 그 어떤 현대어로도 완역된 바 없는 저술이기도 합니다. 국내외 여러 학자들이 부분적으로 번역해서 출간한 바는 있지만 아무래도 분량이 분량이다 보니 그 누구도 완역까지는 해내지 못했습니다.

이처럼 어려운 작업에 저처럼 젊고 미숙한 사람이 혼자서 완역하고야 말겠다고 선언하는 것은 제가 겁을 상실해서도 아니요, 오만방자해서도 아닙니다. 제가 제 능력의 한계를 잘 알면서도 이 과업을 맡아서 해낼 수 있다고 믿는 데에는 몇 가지 이유가 있습니다.

첫째, 선배 학자들이 이루어둔 업적이 많습니다. 주자어류는 그간 완역이 없었달 뿐 한국어는 물론이요, 일본어, 영어, 현대중국어 등으로 듬성듬성 번역되어 있습니다. 저는 어쩌다 보니 이상의 언어를 대충이라도 보고 이해할 수 있게 되었습니다. 그런 장점을 살려 기왕의 이런저런 번역본을 참고해 가며 번역하니 제로에서 시작하는 것과는 비교할 수 없을 정도로 효율적입니다. 선배들이 닦아 놓은 길을 달리며 다시 한번 감사와 존경을 표합니다.

둘째, 도구가 많습니다. 과거 선배들이 종잇장을 넘겨 가며 찾아야 했던 주요 사전들이 이미 대부분 디지털화되어 단숨에 찾아볼 수 있게 되었습니다. 생성형 A.I. 역시 상당한 도움이 됩니다. 2025년 현재 기준으로 아직 한계가 분명합니다만, 그래도 이전과는 비교할 수 없을 정도로 번역자의 일을 덜어주고 있습니다. 이런 호사를 누리고 있는 주제에 분량이 많다는 핑계로 번역을 미룬다면 그쪽이 오히려 게으르고 무책임한 처사일 것입니다.

하지만 무엇보다도 중요한 이유는 즐거움입니다. 800년 전에 만들어진 문헌을 한 문장 한 문장 돌파해 나가며 느끼는 쾌감은 아마도 이 분야에 조금이라도 관심 있는 분들이라면 모두 익히 알고 계시리라 믿습니다. 제가 이렇게 즐거웠던 것을 보면 훗날의 독자 여러분도 주자어류를 스스로 등반하며 비슷한 즐거움을 느낄 수 있을 겁니다. 이 책은 그분들을 위한 공략본입니다. 그래서 제목도 초역(初譯)입니다. 누군가의 재역(再譯)을 기대한다는 뜻입니다.

권 1이 아니라 굳이 권 14부터 시작하는 데에도 이유가 있습니다. 1998년에 허탁, 이요성, 이승준이 주자어류 권 1부터 13까지를 번역했고(청계판), 이주행, 조원식, 정갑임, 김우형, 박현주 역시 2001년에 동일한 부분을 번역했습니다(소나무판). 해당 부분은 이미 두 차례나 한국어로 번역되지 않았겠습니까? 같은 부분을 삼역(三譯)하는 것도 나쁜 생각은 아니겠습니다만 우리 모두를 위하여 아주 시급한 과제라고는 할 수 없습니다. 그보다는 차라리 선배들이 내려놓은 지점에서 과업을 이어받아 초역의 길을 가는 편이 더 유의미할 것이라고 생각했습니다.

이러한 앞뒤 맥락 없이도 권 14는 그 자체로 매우 흥미로운 책입니다. 주희가 평생 가장 중요하게 취급했던 대학(大學), 그 중에서도 '명덕(明德)을 밝히는' 일에 대한 사제간의 진지한 토론이 연속해서 펼쳐지기 때문에 예부터 많은 학자의 주목을 받았습니다. 예컨대 모종삼(牟宗三, 1909~1995)도 주자어류 권 14를 읽을 때 가장 긴장했다고 합니다.[1)]

본서를 출간하기까지 많은 곡절이 있었습니다. 우선, 한국주자학회의 주자어류강독회에 저를 끼워주시고 가르쳐주신 여러 선생님들께 감사드립니다. 지금도 썩 훌륭하다고 말하기 부끄럽지만, 강독회에서 배운 내용들이 아니었으면 본서는 지금보다 훨씬 못난 모습이었을 것입니다. 제목을 멋지게 써주신 전호태 선생님께도 고마움을 표합니다.

가족으로부터는 생육의 은혜를 입었고 선생님들께는 학은을 입었습니다. 이광호 선생님을 모시고 한문을 익히기 시작한 이래로 지금까지 수없이 많은 선생님들, 친구들, 선배와 후배들에게 깊은 은덕을 입었습니다. 그 모든 이름을 적고 감사를 표하자니 여백이 부족하고 일부만 적자니 선별이 어려워 곤혹스럽습니다. 이렇게 모호하게 적는 것을 너그러이 용서해 주시기 바랍니다.

출간을 앞두고 준비된 원고를 수없이 다시 검토했습니다. 가장 마지막에 다시 보았을 때만 해도 크게 잘못된 곳을 두 군데나 찾아서

---

1) 모종삼, 심체와 성체, 소명출판, 2012. 6:325. (황갑연 옮김)

고쳤습니다. 두 곳을 발견해서 고쳤다는 기쁨보다는, 필시 제 눈을 피해 숨어있을 오역들에 대한 두려움이 훨씬 큽니다. 세상에는 눈 밝은 독자가 많으니 허투루 넘어가지 않고 따갑게 질정해주실 것이라 믿습니다.

김고은 작가의 말을 인용하며 두서없는 서문을 마칩니다.

생명이 혼자서 살아질 수 없는데
어찌 공부라고 혼자 할 수 있을까[2)]

울산에서
역자 안동섭

2) 김고은, 어쩌다 유교걸, 오월의봄, 2023. p.155.

목차

머리말 / 3

번역에 관한 사항 …… 9
판본에 관한 사항 …… 15
기존의 번역본과 공구서에 관한 사항 …… 25
범례 …… 31

大學 一 (대학 1) …… 33
綱領 (강령) …… 35
序 (서문) …… 95
經上 (경 상편) …… 109

참고문헌목록 / 253

번역에 관한 사항

본서의 번역에는 몇 가지 특색이 있습니다. 어떤 부분은 많은 분들이 흔쾌히 동의하실 것이라 기대합니다만 다른 부분은 논란의 여지가 있으리라 생각합니다. 그래도 이러한 방식으로 번역하게 된 데에는 나름의 이유가 있으니 본문에 들어가기에 앞서 대략 서술해 두기로 하겠습니다.

1. 외래어의 사용

이제와서는 새삼스러운 이야기가 되었지만, 언어는 늘 변합니다. 오늘날 우리가 사용하는 현대 한국어는 해방 이후로만 세어보아도 어언 80여 년간 부단히 변해온 결과입니다. 1945년의 한국어와 2025년의 한국어가 같을 수는 없습니다. 이는 사용하는 어휘에서 즉각적으로 드러납니다. 해방 이후 우리가 중국어, 일본어, 기타 다른 언어권으로부터 받아들인 외래어 및 자체적으로 만들어낸 단어는 매우 많습니다. 그중 상당수는 이미 다른 단어로 대체하기 어려울 정도로 유니크하고 확고한 포지션을 점하고 있습니다.

예컨대 직전 문장에서 사용한 '유니크' 같은 것이 그렇습니다. 유니크는 종종 독특(獨特)으로 대체되곤 하지만 그래도 두 단어는 확실히 어감이 다릅니다. 우리는 우리가 이해하기 어려울 정도로 '튀는'

개성을 가진 사람을 가리켜 양가감정을 담아 '독특하다'고 말할 때가 있습니다. 반면에 어떤 것이 특히 감각적인 측면에서 참신하여 대체가 불가능할 경우 우리는 '유니크하다'고 말합니다.

강령(綱領)과 가이드라인의 차이도 주목할 만합니다. 현대 한국어에서 '강령'은 한 정당의 정체성을 규정하는 가치관이나 기본 입장이라는 인상이 있습니다. 이에 비하여 '가이드라인'은 구체적이고 실무적인 방향지시등 같은 느낌입니다. 무게로 치면 강령이 무겁고, 탄성으로 치면 가이드라인쪽이 낫습니다. 주자어류가 작성되던 당시에도 오늘날 한국어 '강령'과 똑같은 한자를 쓰는 '綱領'이라는 단어가 있었습니다만 두 단어는 결코 같은 단어가 아닙니다. 저는 주자어류의 '綱領'과 한국어 '가이드라인' 사이의 거리가 오히려 더 가깝다고 생각합니다. 실제로 몇몇 영역판의 번역자들이 주자어류의 '綱領'을 'guideline'이라고 번역하고 있으니만큼 제가 이 책에서 '가이드라인'이라는 번역어를 고른 것은 일견 참신한 듯하지만 다른 한편으로는 오래된 선택이라고도 할 수 있습니다.1) 황갑연 선생 또한 어떤 곳에서 모종삼의 '요(要)'자를 '핵심 포인트'로, '관건(關鍵)'을 '핵심적인 키포인트'로 과감하게 번역한 바 있는데 이 역시 잘 된 번역이라고 생각합니다.2)

이러한 번역 방침에는 물론 약점이 있습니다. 무엇보다도 분위기를 해친다는 것이 문제입니다. 현대 한국인 입장에서 영어에서 유래한 단어를 사용하는 주희를 상상하는 것은 '가십(gossip)거리' 운운하는 무협지 주인공만큼이나 어색합니다. 그러므로 저는 가능하면 외래단어를 피하여 분위기를 살리도록 노력할 것이지만 꼭 필요하다는 판단이 설 때면 사용을 피하지 않겠습니다.

---

1) 王晓农, 赵增韬, 朱子语类选译, 中国社会科学出版社, 2018. p. 297.

2) 모종삼(2012, 6:137).

2. 말투

주희가 살아 생전에 사용한 구어는 오늘날 한국어와 같은 방식으로 말을 높이거나 낮추지 않습니다. 그러므로 똑같은 원문을 두고도 '자네는 이것이 무엇이라 생각하는가?'라고 번역하는 것과 '당신은 이것이 무엇이라 생각하십니까?'라고 번역하는 것 사이에 우열을 가리기 어렵습니다. 양자 모두 별 근거가 없기 때문입니다. 기왕의 번역본들을 살펴보면 영역의 경우 이런 문제로 고민하지 않습니다. 어차피 현대 영어에는 저러한 높임법이 없기 때문입니다. 일역의 경우는 확실히 문제가 됩니다. 어떤 번역자는 높이고 다른 번역자는 낮추는 등 각자의 주관에 따라 한 쪽을 선택합니다. 주자어류에서처럼 직접적인 대화에서는 스승이 제자에게 말을 낮추는 것으로 번역하지만 편지글에서는 존댓말을 하는 것으로 번역하는 경우도 많습니다. 저는 일관되게만 번역한다면 어느 쪽이든 상관없다고 생각합니다. 본서에서는 제자는 주희를 높이고 주희는 제자를 낮추는 것으로 통일했습니다. 질문자가 주희의 제자인지 친구인지 확정하기 어려운 경우에도[3] 우선은 모두 제자인 것으로 간주했습니다.

3. 전문 용어의 번역 여부

주자어류에서 주희와 대화를 나누는 이들은 대개 주희가 사용하는 개념어들을 숨쉬듯이 자연스럽게 사용합니다. 예를 들어 대학(大學)의 '삼강령(三綱領)'은 '명명덕(明明德)', '신민(新民)', '지어지선(止於至善)'입니다. 주희와 제자들이 삼강령의 내용에 대해 토론하는 장면은 권 14에서만 수십 차례 반복되는데, 예를 들어 '명명덕'이라는 용어가 등장

3) 예컨대 14:161이 그러한 경우입니다.

할 때마다 '밝은 덕을 밝힘'이라고 풀어서 쓰는 것은 번역하는 사람에게도 괴로운 일이고 독자에게도 고역입니다. 그렇다고 이러한 용어들을 마냥 번역 없이 둘 수도 없습니다. 예컨대 '인(仁)'이야 번역 없이 쓴다고 해서 크게 문제 될 일이 없겠지만 '계천입극(繼天立極)'같은 용어를 번역 없이 그대로 노출하는 것은 그다지 좋은 생각이 아닐 것입니다.

본서에서는 가능하면 어떠한 용어가 처음 등장할 때에는 풀어서 번역하지만 뒤에서 반복해서 등장하는 경우 풀지 않고 노출시켰습니다. 독자가 책을 읽어나가는 동안 주희의 개념어에 천천히 익숙해질 수 있기를 바랍니다.

4. 대학장구 원문 인용 여부

주자어류는 스승과 제자의 문답을 기록한 것이므로 양측이 모두 익히 알고 있어서 굳이 적을 필요가 없는 부분은 매우 과감히 생략하고 있습니다. 예컨대 양측이 모두 줄줄 외고 있을 경전의 내용 등이 그렇습니다. 권 14의 경우 대화의 소재가 대학(大學)이기 때문에 사실상 모든 조목들이 독자가 해당 경전의 원문을 이미 외우고 있을 것이라 간주하고 있습니다. 오늘날 독자들 가운데 대학을 외고 있는 이는 매우 드물 것이기 때문에 이 부분이 문제가 될 수 있습니다. 하지만 그렇다고 조목마다 각주를 달고 대학을 인용하면 이 책의 분량은 지금의 두 배가 되어버릴 것이고, 주자어류라기보다는 대학장구(大學章句)의 역주서처럼 되어버릴 것입니다.

대학을 포함하여 사서(四書)의 원문 및 그에 대한 주희의 주석은 기왕에 한국에서 출간된 번역서가 대단히 많으며 일부는 심지어 웹상에서 무료로 서비스하고 있기까지 합니다. 따라서 사서장구집주(四書章句集注) 정도는 각주를 달고 하나하나 원문을 인용하지 않기로 했으니 본서를 읽으며 해당하는 원문을 확인하고 싶으신 독자께서는 별도의 번역본을 곁에 두고 참조하시기를 부탁드립니다.[4)]

물론, 사서장구집주를 제외한 여타 서적들의 경우에는 일반적인 독자의 접근성이 현저히 떨어지므로 원문과 번역문을 주석으로 제공했습니다.

5. 제자들의 인적 정보

본문에 등장하는 인명은 크게 보아 두 부류입니다. 하나는 본문 중에 등장하는 경우이고 다른 하나는 조목의 말미에 해당조목의 기록자로 등장하는 경우입니다. 전자의 경우는 가능하면 성명(姓名)과 자(字)를 찾아서 밝혔습니다. 후자의 경우는 달리 주석을 달지 않았습니다. 기록자로 등장하는 제자들은 모두 97명인데, 이들의 인적사항 같은 경우는 기왕에 정리가 잘 되어 있으므로 제가 새로 보탤 말이 많지 않기 때문입니다. 본서가 계승을 표방한 청계판 주자어류와 소나무판 주자어류의 부록에는 각 기록자에 대한 상당한 분량의 해설이 첨부되어 있으니 그쪽을 참조해 주시기를 부탁드립니다. 보다 전문적인 독자라면 진영첩(陳榮捷)의 주자문인(朱子门人)[5)]이나 덩칭핑(邓庆平)의 주자문인여주자학(朱子门人与朱子学)[6)]을 참고해주시기 바랍니다.

---

4) 대표적으로 동양고전종합DB에 접속하면 즉시 힘들이지 않고 수준 높은 사서장구집주 번역문을 이용하실 수 있습니다.
https://db.cyberseodang.or.kr/front/main/main.do

5) 陳榮捷, 朱子门人, 華東師範大學出版社, 2007.

6) 邓庆平, 朱子门人与朱子学, 中國社會科學出版社, 2017.

판본에 관한 사항

모든 유명한 서적이 그렇듯 주자어류 역시 판본 정리가 쉽지 않습니다. 이미 국내외 여러 뛰어난 학자들이 치밀하게 정리해 둔 바가 있으니 자세히 연구하고자 하시는 분은 그쪽을 참조해 주시기 바랍니다.[1] 여기서는 간략하게만 서술하도록 하겠습니다.

주자어류의 판본사는 1270년 여정덕(黎靖德, fl. 13세기)이 펴낸 주자어류대전(朱子語類大全) 이전과 이후로 나뉩니다. 오늘날 우리가 흔히 '주자어류'로 부르는 책의 본명이 바로 이 주자어류대전이며, 1270년 이래로 이 책을 간행하고 필사하고 다시 간행하면서 발생한 수많은 이본이 존재합니다. 반대로 여정덕이 이 책을 펴내기 위해 수집하고 정리한, 말하자면 재료의 역할을 한 책들 역시 존재합니다. 재료들 쪽이 더 오래된 것들이므로 이쪽을 먼저 살펴보겠습니다.

이 재료들은 크게 보아 제목이 '...록(錄)'으로 끝나는 것들과 '...류(類)'로 끝나는 것들이 있습니다. '록'은 여러 제자들의 기록한 필기노트를 별다른 편집 없이 물리적으로 합쳐둔 것이고, '류'는 각각의 필기노트에 수록된 조목들을 흩어서 주제별로 재분류한 것입니다. '록'

---

1) 쉬스이(徐時儀)와 판무티엔(潘牧天)이 정리하고 점교한 주자어록(朱子語錄, 2016)의 서문과 쉬스이와 양옌(楊艷)이 점교한 주자어류휘교(朱子語類彙校, 2014)의 서문이 특히 좋습니다. 한국어 출판물 가운데서는 소나무판 pp. 639~647에서 간략하게 정리하고 있어서 편리합니다.

은 원래의 기록자가 기록한 대화의 추이가 살아있고, 또 각 기록자의 개성(개인적 관심사나 문체 등)이 더 분명하게 느껴진다는 장점이 있습니다. '류'는 주희가 특정 주제에 대하여 무어라 말하였는지 한눈에 살펴보기 쉽다는 장점이 있습니다.

각각의 록과 류는 모두 길고 복잡한 이름을 가지고 있으므로 그들의 풀네임을 매번 불러주는 것은 현명하지 못한 일입니다. 그래서 남송(南宋)의 사인(士人)들은 이들을 언급할 적에 대체로 출간지의 지명을 딴 별칭을 사용했습니다. 1215년에 지주에서 출간된 록은 지록(池錄), 1219년에 촉에서 출간된 류는 촉류(蜀類), 1238년에 요주에서 출간된 록은 요록(饒錄), 1249년에 역시 요주에서 후속 출간된 록은 요후록(饒後錄), 1245~1252년 경에 무주에서 출간된 것은 무록(婺錄), 1249~1252년 경에 휘주에서 출간된 것은 휘류(徽類), 1252년에 휘주에서 출간된 속편은 휘속류(徽續類) 1265년에 건안에서 출간된 것은 건별록(建別錄)이라고 합니다. 여정덕은 건별록을 제외한 나머지 재료들을 모아 1263년에 주자어류대전을 출간했고, 이후 1270년에 건별록까지 포함하여 재판을 발행했으니 이것이 바로 오늘날의 통행본 주자어류대전의 원본입니다.[2)]

여정덕의 주자어류대전이 서적 유통 경쟁에서 승리하면서 기왕의 록과 류 대부분은 자연스럽게 도태되었습니다. 그래서 여정덕의 대전본 이전의 주자어류의 면모를 확인하는 것은 쉽지 않은데, 다행히 휘류의 필사본임이 거의 확실한 조선고사본(朝鮮古寫本)과 지록의 일부가 남아있어 교감과 번역에 큰 도움을 줍니다. 이 두 자료에 대해 알아보겠습니다.

---

2) 1211~1214년 경에 촉에서 출간된 '촉록(蜀錄)'도 있었던 듯하나 여정덕이 어류대전을 편찬하던 당시에 이미 일실된 것으로 보입니다.

1. 지록은 본래 43권 분량인데 송각본(宋刻本) 일곱 권과 명초본(明抄本) 열한 권이 대만의 고궁박물원(故宮博物院)에 남아 있습니다. 송각본과 명초본은 각각 송지록, 명지록이라고 부르는데, 두 지록 간에 네 권이 중복되므로 결국 우리에게 남아 있는 지록은 마흔셋 가운데 열네 권뿐인 셈입니다.[3] 쉬스이(徐時儀)와 판무티엔(潘牧天)이 양자를 합하여 정리하고 점교(點校)하여 2016년에 주자어록(朱子語錄)이라는 타이틀로 출간한 책이 매우 유용합니다.[4] 대만 국가도서관(國家圖書館) 웹사이트에서 두 지록을 무료로 열람할 수 있으므로 필요시 현장까지 가지 않고도 원문을 확인할 수 있습니다.

2. '조선고사본(朝鮮古寫本)'이란 이름은 조선에서 옛적에 필사된 판본이라는 뜻입니다. 구스모토 마사쓰구(楠本正繼, 1896~1963)는 큐슈(九州)대학에서 송명유학을 연구한 학자인데, 그가 집안에서 전해져 내려오던 주자어류 사본 한질을 1959년에 공개하면서 그 존재가 세상에 알려지게 되었습니다. 그래서 학자에 따라서는 이 사본을 소장자의 성을 따서 '남본본(楠本本)'이라고 부르기도 합니다. 스리샨(石立善, 1973~2019)[5]의 치밀한 연구[6]에 따르면 이 사본은 조선에서 일본으로 넘어가[7]

---

3) 조목수로는 2,275개조목, 글자수로는 약 27만자 가량입니다.

4) 徐時儀, 潘牧天, *朱子語錄*, 上海古籍出版社, 2016.

5) 중국 태생으로 일본에서 유학한 학자인 관계로 이름을 읽는 법이 다양합니다. 국내에서는 석립선, 일본 학계에서는 세키 리츠젠(せき りつぜん)이라고 호명합니다.

6) 石立善, "朝鮮古寫徽州本『朱子語類』について—兼ねて語類體の形成を論ずる—", 日本中國學會報 vol. 60,　2008.

7) 후에 소개할 조선정판본(혹은, 영남감영본)의 교감기에서 조선고사본에서만 등장하는 구문을 인용하고 있습니다. 조선정판본이 1771년에 간행되었음을 감안하면 최소한 그 이전까지는 조선 학자들이 조선고사본이나 고사본의 저본(底本)이 된 물건을 볼 수 있었다고 추정할 수 있습니다. 다만, 스

19세기 중반 오와리(尾張)번[8]의 수장고에 들어갔고, 이후에 다시 일본의 문광당(文光堂)이라는 서점에 팔렸습니다. 이것을 19세기 중후반 어느 시점에 구스모토 마사쓰구의 조부가 구입하면서 구스모토가의 소장품이 됩니다. 이후 1962년, 구스모토 마사쓰구가 큐슈대학 도서관에 기증하면서 현재까지도 해당 대학에서 보관중입니다. 스리샨의 논문에서는 조선고사본의 저본(底本)이 1252년에 출간된 휘류를 위극우(魏克愚, 1219~1237)[9])가 손수 교정하여 1254년에 재출간한 수교본일 가능성이 매우 높다고 추정하고 있습니다.

이 사본은 1982년에 교토(京都)의 중문출판사(中文出版社)에서 영인본[10])을 내면서 널리 유통되었는데, 영인과정상의 실수로 여러 곳에 문제가 있으니 완전히 신용할 수는 없습니다.[11]) 2002년에 상해고적출판사(上海古籍出版社)와 안휘교육출판사(安徽教育出版社)가 연합하여 출간한 주자전서(朱子全書)[12])의 제 14~18책에 수록된 주자어류는 후술할 성화본과 조선고사본을 대교한 첫 번째 작품입니다. 이후 2014년에 쉬시의와 양옌(楊艷)이 조선고사본을 정리하고 점교하여 주자어류휘

리샨은 이를 근거로 현재 우리 수중에 있는 조선고사본이 1771년까지는 조선에 있었다고 주장했는데 이는 논리적으로 타당한 결론이 아닙니다. 조선고사본과 동일한 내용을 담고 있는 사본이 조선 땅에 단 한 질만 존재했으리라는 법이 없기 때문입니다.

8) 오늘날 나고야.

9) 위료옹(魏了翁, 1178~1237)의 차남.

10) 朱熹, *朝鮮古寫徽州本朱子語類*, 中文出版社, 1982.

11) 양옌(杨艳)의 저서에서 문제가 되는 부분들을 목록화해 두었으니 이 분야의 연구자라면 반드시 참조해야 합니다. 杨艳, *《朱子语类》版本与语言问题考论*, 广西人民出版社, 2013. 34~40. 쉬스이의 *주자어류사휘연구(朱子語類詞彙研究)*에서 정리한 목록 역시 참고하면 좋습니다. 徐时仪, *《朱子语类》词汇研究*, 上海古籍出版社, 2013. 52~55.

12) 朱傑人, 嚴佐之, 劉永翔 編, *朱子全書*, 上海古籍出版社, 安徽教育出版社, 2002.

교(朱子語類彙校)를 출간했는데 역시 대단한 공력이 들어간 작품입니다.[13] 그래도 오탈자는 모든 책의 숙명이라는 말마따나 점교본에도 적잖은 오류가 있으니 늘 영인본과 대조해 가며 사용해야 합니다.

본서에서 조선고사본을 활용할 때에는 주자어류휘교와 중문출판사 영인본을 섞어서 활용했습니다. 아쉽게도 큐슈대학 웹페이지에서는 아직 해당 사본의 원문을 서비스하고 있지 않습니다.

이제 여정덕의 주자어류대전(朱子語類大全) 성립 이후의 판본들에 대해 알아보겠습니다. 주자어류대전의 최초 판본은 송(宋) 함순(咸淳) 6년(1270)본인데 아쉽게도 현재 남아 있는 것이 없습니다. 현존하는 가장 이른 판본은 명(明) 성화(成化) 9년(1473)에 출간된 것으로, 약칭 성화본(成化本)입니다.[14] 성화본은 함순 6년 송각본을 복각(覆刻)한 것이므로 여정덕의 원본을 상당히 충실히 재현하고 있을 것이라고 기대할 수 있습니다.

이 판본은 단순히 시간상으로만 먼저일 뿐만 아니라 남아 있는 모든 다른 판본들의 계통상의 직계조상이 된다는 점에서 그 가치가 큽니다. 다시 말해, 현존하는 모든 판본들은 어떤 형태로든 성화본을 재출간한 것입니다. 대만 국가도서관(國家圖書館), 일본의 국립공문서관(国立公文書館)의 디지털 아카이브 웹사이트에서 성화본이나 성화복각본(覆刻本)[15] 등을 무료로 열람할 수 있습니다.

주오필(朱吾弼, *fl.* 16세기)의 명(明) 만력(萬曆) 31년(1603)본은 성화본을

13) 徐时仪, 杨艳, *朱子語類彙校*, 上海古籍出版社, 2014. 주자어류휘교는 이후 여러 차례 다른 버전으로 재출간되었습니다. 저는 가장 근래에 출간된 간체자본을 확보해서 2014년 초판과 비교해 보았으나 큰 차이를 발견하지 못했습니다. 따라서 본서에서는 가장 널리 유통된 초판본(2014)을 사용하였음을 미리 밝힙니다.

14) 교감 책임자인 진위(陳煒)의 성을 따서 '진본(陳本)'이라고 부르기도 합니다.

15) 성화본의 이본(異本)입니다.

저본삼아 교감한 판본입니다. 만력본, 혹은 주본(朱本)이라고 부릅니다. 사고전서(四庫全書)에 수록된 주자어류의 저본(底本)도 이 만력본입니다. 워낙 널리 전파되었기 때문에 비교적 쉽게 찾아볼 수 있습니다.[16] 일본의 교토대학, 국립공문서관 등에서 만력본과 여러 이본들을 무료로 열람할 수 있습니다.

만력본을 다시 번각한 판본들 중에는 일본의 관문(寬文) 8년(1668)본이 있습니다. 일본에서 나왔다는 의미에서 보통 화각본(和刻本)이라고 부릅니다. 만력본의 여러 이본 가운데 만력 34년(1606) 중각본이 저본(底本)인 것으로 보입니다. 일본 국문학연구자료관(国文学研究資料館) 웹페이지에서 무료로 열람할 수 있습니다.

조선 영조 47년(1771)에 영남감영(嶺南監營)에서 출간한 판본도 있습니다. 영남감영본, 영영본(嶺營本), 조선정판본(朝鮮整版本) 등 여러 별명이 있는데, 여기서는 조선정판본이라고 부르겠습니다. 어명으로 홍계희(洪啓禧, 1703~1771)가 교감하여 출간한 것으로, 오래전 조선에 전래되어 유통되던 성화본 계통 판본들과 당시 북경에서 구매해 온 십여 종류의 판본을 대조했다고 합니다. 국립중앙도서관, 국회도서관 웹페이지 등 여러 곳에서 제한 없이 열람할 수 있습니다. 후에 소개할 국내 번역서 가운데 청계판 주자어류와 소나무판 주자어류가 모두 이 조선정판본을 저본(底本)으로 삼고 있으며, 매우 중요한 주석서인 주자어류고문해의(朱子語類考文解義)의 레퍼런스이기도 합니다.[17] 각 권의 권말에 '고이(考異)'라는 이름의 교감기가 붙어있는데 역시 참고할 만합니다.[18]

---

16) 참고로, 조선고사본의 권118부터 121까지는 본래 비어 있었는데 후에 누군가가 만력본을 필사해서 채워 넣어 두었습니다. 그만큼 만력본의 접근성과 신뢰성이 높았음을 알 수 있습니다.

17) 정판본과 고문해의의 관계에 대해서는 정선모, "조선후기 『주자어류』 연구의 특징: 『주자어류고문해의』의 편찬배경을 중심으로", 한국문화 74, 2016.

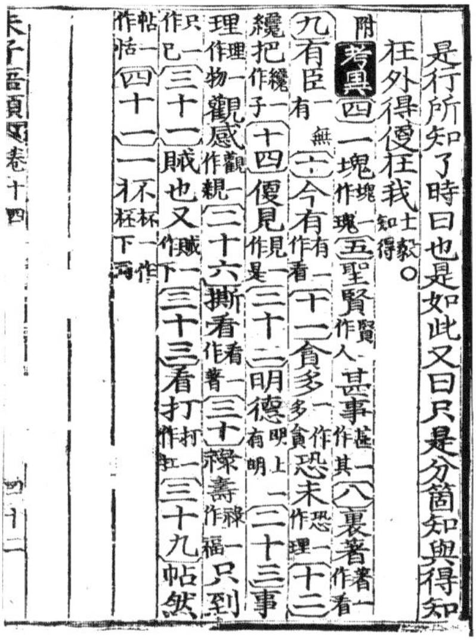
是行所知了時曰也是如此又曰只是分箇知與得知
枉外得便枉我士毅○

<그림 1> 조선정판본 권 14의 교감기(국립중앙도서관장)

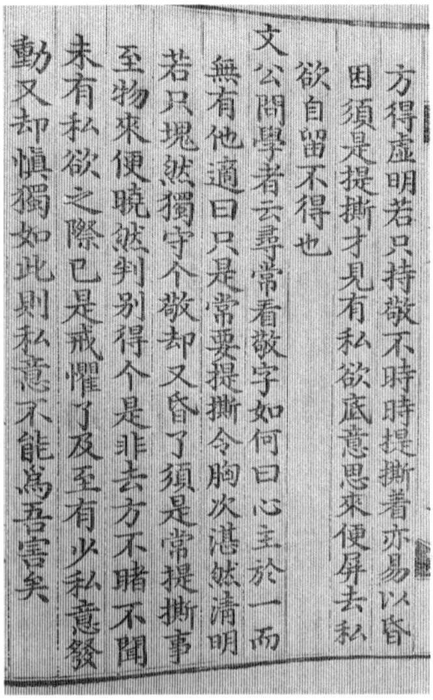
方得虛明若只持敬不時時提撕着亦易以昏
困須是提撕才見有私欲底意思來便屏去私
欲自留不得也
文公問學者云尋常看敬字如何曰心主於一而
無有他適曰只是常要提撕令胸次湛然清明
若只塊然獨守个敬却又昏了須是常提撕事
至物來便曉然判別得个是非去方不睹不聞
未有私欲之際已是戒懼了及至有少私意發
動又却愼獨如此則私意不能爲吾害矣

<그림 2> 엽사룡의 주자어록류요 17:10 조. (국립중앙도서관장)

만력본은 청(淸)대에 들어서도 여러 차례 번각되었습니다. 여유량(呂留良, 1629~1683)이 1669~1674년 사이에 출간한 판본은 만력본의 번각이고, 1872년에 출간된 응원서원본(應元書院本)과 1880년 류씨전경당본(劉氏傳經堂本)은 다시 여유량본의 번각입니다. 여유량본은 여본(呂本), 응원서원본은 원본(院本), 류씨전경당본은 교감자 하서린(賀瑞麟, 1824~1893)의 성을 따서 하본(賀本)이라고 부릅니다. 이 하본을 저본(底本)으로 하여 1983년에 출간된 것이 바로 본서의 저본(底本)인 중화서국본(中華書局本)입니다. 이중 응원서원본의 경우 국내에 유통된 양이 많았던 듯합니다. 여러 대학의 고문서실에서 보관중인 주자어류 가운데 적지 않은 수가 이 판본입니다.[19)]

---

18) 조선정판본 및 그 이전의 조선본들에 대해서는 다음을 참조하십시오. 김문식, "조선본『주자어류(朱子語類)』의 간행과 활용", 사학지 43, 2011. 63~87.

3. 중화서국본은 교감자인 왕싱시엔(王星賢)의 성을 따서 왕본(王本)이라고도 부릅니다. 완벽하다고는 할 수 없으나(이유는 후술하겠습니다) 오늘날 가장 영향력 있는 판본임이 틀림없습니다. 대단히 많은 학자들이 주자어류를 인용하고 쪽수를 표시할 적에 중화서국본을 사용하고 있으니 가히 '통행본'이라고 부를 만합니다. 중화서국본이 기존 판본과 크게 달라지는 지점은 이것이 점교본(點校本)이라는 데 있습니다. 성화본, 만력본, 화각본, 여본, 원본과 비교대조하여 교감한 본문에 표점을 붙여준 덕분에 후속세대의 독해 난이도가 크게 낮아졌습니다.

물론, 모든 표점작업에는 필연적으로 논란이 뒤따릅니다. 해석의 취향차이에서 생기는 논란도 있겠으나, 종종 명백히 표점자가 실수한 부분도 있습니다. 본서에서는 가급적이면 통행본의 표점을 존중하여 그대로 옮기되, 동의할 수 없는 부분들은 과감히 수정했습니다.

이상의 다양한 판본들 중에서도 넘버링 된 것들이 가장 중요합니다. 3번 중화서국본은 본 번역서의 저본(底本)이고 1번 지록과 2번 조선고사본은 3번의 교감자 왕싱시엔이 미처 참조하지 못한 고문헌들입니다. 3번을 기준으로 삼되 1번과 2번을 참고하여 번역한다면 크게 잘못될 일은 없을 것이라고 생각합니다. 권 14의 176개 조목 가운데 1번(지록)에서 확인할 수 있는 조목은 모두 26개입니다. 2번(조선고사본)의 경우는 저본과 대부분 겹치므로 따로 몇 조목이나 겹치는지 세어볼 필요 없이 전수대조했습니다. 정자를 썼느냐 이체자를 썼느냐 수준의 사소한 차이, 한쪽 판본의 잘못임이 명백한 경우는 따로 교감주를 두지 않았습니다.

더 자세한 번역을 위해서라면 현존하는 송원대 문헌들 가운데 1번

---

19) 예를 들어 이화여자대학교 도서관 웹페이지에서 무료로 제공하는 주자어류가 바로 이 응원서원본입니다.

이나 2번, 혹은 그 이전에 존재했다 망실된 다른 판본들을 전재하고 있는 것들까지 대대적으로 조사해서 참조해야 할 것입니다. 예컨대 작자미상의 송대 작품인 주자어류대강령(朱子語類大綱領)은 1번으로부터 318개 조목을 뽑아 재배치한 선집입니다.[20] 양여립(楊與立, *fl.* 13세기)이 편집한 주자어략(朱子語略) 20권, 엽사룡(葉士龍, *fl.* 13세기)이 편집한 주자어록류요(朱子語錄類要) 18권 역시 비슷한 컨셉의 작품들입니다. 진덕수(眞德秀, 1178~1235)의 서산독서기(西山讀書記)와 조순손(趙順孫, 1215~1277)의 사서찬소(四書纂疏) 역시 주자어류의 조목들을 다수 인용하고 있는 중요한 자료입니다.[21] 주희의 손자 주감(朱鑑, *fl.* 13세기)이 편찬한 시전유설(詩傳遺說)에 상당수 조목, 주희의 제자 보광(輔廣, *fl.* 13세기)이 편찬한 시동자문(詩童子問)의 권수에 수록된 사우수언(師友粹言)에 36개 조목, 제자 진문위(陳文蔚, 1154~1239)의 문집 권 7에 수록된 사훈습유(師訓拾遺)에 47개 조목이 존재합니다.

스리샨이 2010년에 제출한 교토대학 박사학위논문[22]에서는 이상의 문헌들을 망라하여 통행본(중화서국본)에 존재하지 않는 주자어류 일문(逸文) 5만2천자를 찾아내어 목록화해 두었습니다.

이 지점에서 구구한 핑계를 대어 보자면, 저본인 중화서국본만 해도 이미 총 140권, 156만자, 14322개 조목에 달하는 거질(巨帙)이며,

---

20) 石立善, "宋刻本《晦庵先生语录大纲领》考——附录朱子、范如圭、程端蒙、李方子佚文", 宋史研究论丛 8, 2007. 360~425.

21) 鶴成久章, "『四書纂疏』所引の朱子学文献について:『朱子語録』を中心に", 中國中世文學會, 2023. 291~306.

22) 石立善, 「*朱子語録*」と「*朱子語類*」*の研究*, 京都大學 박사학위논문, 2010. 스리샨은 이 논문을 미처 책으로 출간하기 전인 2019년에 타계했고, 교토대학은 이 논문을 웹상에 공개하지 않고 있습니다. 이러한 관계로 한국에서 이 논문을 찾아보는 것은 대단히 어려운 일이 되었습니다. 해당 논문을 볼 수 있도록 도와주신 정재상 선생과 후쿠타니 아키라(福谷彬) 선생께 감사드립니다.

그런 저본을 조선고사본과 지록을 가지고 비교하며 번역하는 것만으로도 한 사람이 감당하기에 상당히 벅찹니다. 일문(逸文)을 수집하여 정리하고 번역하는 것은 저본의 초역을 완수한 뒤의 일로 미루어두고 우선은 저본의 번역에 집중하도록 하겠습니다.

기존의 번역본과 공구서에 관한 사항

기왕에 한국에서 주자어류 완역을 시도한 경우가 없지 않았으나 예외 없이 완주하지 못했습니다. 앞서 서문에서 언급한 것처럼 권1부터 권13까지의 경우 청계판과 소나무판에서 공히 번역한 바 있습니다. 그밖에 국내외 번역본들 가운데 필자가 중요하게 참고한 것들을 소개해 보겠습니다.

1. 청계판(허탁, 이요성, 이승준)

국내에서 시도된 모든 어류 번역 프로젝트 가운데 시기적으로 가장 이른 것입니다. 당시 한국학중앙연구원에서 수학하던 대학원생들이 의기투합하여 연구원 장서각에서 소장중인 조선정판본과 주자어류고문해의를 활용하여 번역한 것입니다. 총 네 권으로 분권했는데, 1과 2는 1998년에, 3과 4는 2001년에 나왔습니다. 1에는 한형조(1958~2024)의 서문이, 3에는 정순우의 서문이 붙어있습니다. 주자학의 개념어를 가능하면 우리말로 풀어서 번역하였으며, 이러한 번역 용어들을 권말에 정리해 두었습니다. 주희 제자들에 대한 정리도 자세하여 도움이 됩니다.

주자어록해(朱子語錄解)와 주자어류고문해의(朱子語類考文解義)를 해제하고 번역해준 것 역시 청계판의 중요한 업적입니다. 1권의 말미에 주자어록해(朱子語錄解)를 완역해 두었고,[1] 또 전권에 걸쳐 주자어류고문해의 권1~13 부분을 각주로 달아 완역해 두었습니다. 청계판이 권 13에서 멈추었음에도 불구하고 권 14를 번역하는 데 있어 여전히 중요한 공구서가 되는 까닭입니다.

2. 소나무판(이주행, 조원식, 정갑임, 김우형, 박현주)

청계판의 3권과 4권이 나오던 무렵인 2001년에 단권으로 출간된 번역서입니다. 주자어류 원문을 별책으로 출간한 관계로 번역본에는 번역문만 실려있는 것이 특징입니다. 역시 한국학중앙연구원에서 수학하던 대학원생들의 작품이며, 조선정판본을 저본으로 삼고 주자어류고문해의를 적극 활용했다는 점까지 청계판과 비슷합니다. 김형효(1940~2018)의 서문과 이석희의 보론이 앞뒤로 실려있습니다.

청계판과는 달리 주요 개념어를 번역 없이 그대로 두었습니다. 부록 가운데 주자문인사전이 있는데 그 내용은 청계판과 크게 다르지 않습니다.

3. 일역판(朱子語類大学篇研究会)

일본의 주자어류역주간행회(朱子語類譯註刊行會)는 그간 각급 대학과 연구소에서 산발적으로 진행되었던 주자어류 번역팀들을 묶어 큐코쇼인(汲古書院)을 통하여 일괄 출간하는 프로젝트를 진행중입니다.[2] 기

---

1) 어록해의 경우 이에 더하여 윤소정과 판무티엔(潘牧天)이 편찬한 대교본이 유용한 참고가 됩니다. 윤소정, 潘牧天 편, 語錄解三種校本合刊, 학고방, 2015.
2) 온다 히로마사, "일본의 「주자어류」 역주 간행 프로젝트 현황". 동양철학

출간된 단행본 및 아직 단행본으로 출간되지는 않았지만 다른 지면에서 발표된 자료들을 취합하면 대략 전체의 47% 이상이 번역된 것으로 보입니다.[3] 권 14의 경우는 교토부립(京都府立)대학의 나카 스미오(中純夫)가 주도하는 주자어류대학편연구회(朱子語類大学篇研究会)에서 번역하여 2013년 12월에 출간했습니다.[4]

통행본을 저본으로 삼고 성화본, 만력본, 화각본, 조선고사본, 조선정판본을 가지고 대교했습니다. 그밖에 하서린본과 조선정판본의 교감기, 여유량본의 구두점을 참조했다고 합니다. 하지만 성화본 이래 다른 판본들의 경우 글자의 출입이 무척 제한적이기 때문에 실제로 교감기를 읽어 보면 조선고사본과의 대교가 대부분입니다.

모두 여섯 명의 역자가 분담해서 번역했는데, 각 조목을 실제로 담당한 이들은 다음과 같습니다.

나카 스미오(中純夫): 1-23, 82-84, 115-124
스 리샨(石立善): 24-35, 107-114, 125-141
우사미 분리(宇佐美文理): 36-38, 92-106, 163-176
손 루이(孫路易): 39-54, 85-91, 142-153
다나카 히데키(田中秀樹): 55-68
오가사 토모아키(小笠智章): 69-81, 154-162

34, 2010. 343~360.

3) 조목별 번역유무는 다음 블로그를 참고하시기 바랍니다.
https://blog.naver.com/punero/223930205251

4) 출간전에 잡지 등에 발표된 번역 원고는 교토부립대학 측에서 무료로 공개해 두었으니 참고하시기 바랍니다.
https://kpu.repo.nii.ac.jp/records/4570
https://kpu.repo.nii.ac.jp/records/4585

4. 영역판(王晓农, 赵增韬)

왕샤오농과 자오정타오가 2018년에 출간한 주자어류선역(朱子语类选译)은 주자어류를 해외에 알리겠다는 뚜렷한 목표를 가지고 만들어진 번역서입니다. 권 4, 5, 6, 7, 8, 9, 14, 19, 62, 125를 영역했는데, 마침 본서에서 다루고 있는 권 14가 통째로 영역되어 있으니 반드시 참조해야 합니다.[5] 권두에는 주지에런(朱杰人)의 서문이 붙어있고, 권말에는 주자학 주요 개념어 용어사전(glossary)이 있습니다. 저본은 통행본이며 별다른 교감의 흔적은 없습니다. 두 역자의 작업 분배 내역은 다음과 같습니다.

왕샤오농: 권 4, 5, 6, 7, 14, 62
자오정타오: 권 8, 9, 19, 125

5. 주자어류고문해의(朱子語類考文解義)

간단히 소개하자면 홍계희(洪啓禧, 1703~1771)가 담당한 조선정판본 주자어류에 대한 이의철(李宜哲, 1703~1778)의 주석서입니다. 모든 조목에 대해 해설하지는 않고, 드물게 난해한 조목의 난해한 구문에만 해설이 달려 있습니다. 다만, 앞서 언급했듯이 고문해의의 레퍼런스가 조선정판본이기 때문에 정판본과 함께 읽어야 한다는 점이 조금 번거롭습니다.[6]

---

5) 王晓农, 赵增韬, *朱子语类选译*, 中国社会科学出版社, 2018.

6) 더 자세한 해제는 청계판 1권 397쪽을 참조하시기 바랍니다. 앞서 언급한 정선모(2016) 역시 훌륭한 해제 역할을 합니다.

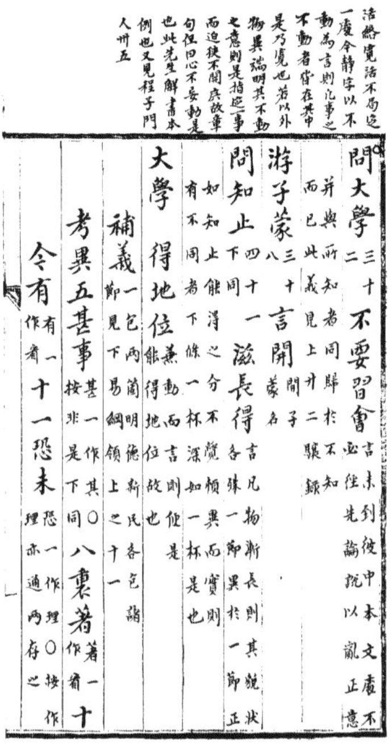

問大學二三十不要習會
游子蒙八三十言開
問知止下四十一滋長得
大學得地位
補義
考異五甚事
令有十一恐未

<그림 3> 주자어류고문해의 권 14 부분 (한국학중앙연구원 장서각)

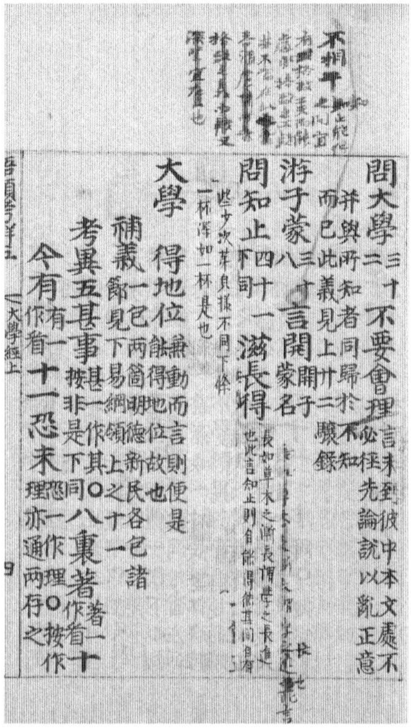

問大學二三十不要會理
游子蒙八三十言開
問知止下四十一滋長得
大學得地位
補義
考異五甚事
令有十一恐未

<그림 4> 주자어류고문해의 권 14 부분 (서울대학교 규장각)

오늘날 규장각과 장서각에 한 질씩 보관되어 있으며, 웹사이트에서 쉽게 원문 이미지를 확인할 수 있습니다. 규장각본은 교정기호, 두주(頭註), 첨지(籤紙) 등이 어지럽게 붙어있어 이의철이 직접 작업하던 원본이라는 인상을 주는 반면 장서각본은 규장각본쪽의 어지러운 내용들이 깔끔하게 정리된 필사본으로 보입니다. 이영호와 정선모의 점교본[7]의 저본은 장서각본입니다. 매우 깔끔하여 편리합니다만, 저본을 충실히 옮기지 않고 몇몇 부분이 생략되어 있어서 아쉽습니다. 예컨대 원본(규장각본과 장서각본 양쪽 모두)에서는 각 항목마다 조선정판본의 몇 번째 판을 보면 되는지 작은 글씨로 적혀있습니

7) 이영호, 정선모, *표점교감 주자어류고문해의*, 성균관대학교출판부, 2013.

다만 점교본에는 그런 정보가 누락되어 있습니다. 규장각본과 장서각본에 서로 다르게 기록된 부분들 역시 점교본만으로는 알 수가 없습니다. 예를 들어 점교본 91쪽 상단 네 번째줄의 '불요습회(不要習會)'는 장서각본을 그대로 옮긴 것인데, 규장각본에서는 이 부분이 '불요회리(不要會理)'라고 적혀있습니다.[8] 그러므로 고문해의 점교본을 사용할 때에는 조심할 필요가 있습니다.

권 14의 여러 조목 가운데 고문해의에서 내용이나 구문을 해설하고 있는 조목들은 다음과 같습니다.

9, 15, 18, 24, 25, 29, 33, 36, 37, 40, 45, 48, 50, 59, 64, 74, 81, 89, 91, 94, 107, 124, 126, 132, 133, 161, 170, 175.

교감주가 달린 조목은 다음과 같습니다.

15, 28, 37, 42, 45, 48, 59, 90, 91, 118, 120, 124, 136, 161, 173.

이상의 조목들은 따로 주석을 달아 표시하지 않은 경우에도 모두 주자어류고문해의를 참조하여 번역했음을 밝힙니다.

그밖에 여러 다른 저서와 논문에서 권 14의 이런저런 조목들을 산발적으로 번역하고 있습니다만, 3번과 4번처럼 전체를 번역한 경우는 없습니다. 권 15 이후를 번역한 선행 작업도 있습니다만, 이들을 소개하는 것은 다음 권의 몫으로 남겨두겠습니다.

---

8) 정작 조선정판본은 '불요리회(不要理會)'라고 쓰고 있습니다. 결국 규장각본과 장서각본 모두 잘못 쓴 셈입니다.

범례

1. 본서는 필자가 위키문헌(https://ko.wikisource.org/wiki/)에 등재했던 내용을 개수한 것이다.
2. 저본(底本)은 통행본(곧, 중화서국본)이다.
3. 저본에서 큰 글씨로 적힌 부분이 본문이다.
4. 저본에서 작은 글씨로 적힌 부분이 원주(原註)이며, 본서에서는 < >로 묶어서 제시했다.
5. 각 조목의 끝에는 해당 조목의 기록자 이름이 원주로 달려 있다. 기록자의 간단한 인적사항은 청계판과 소나무판에서 자세하므로 생략했다.
6. 기록자명 뒤에는 해당 조목이 기록된 것으로 추정되는 시점에 주희의 연령이 몇 세였는지 적혀 있다. 이는 통행본 권두의 "주자어록성씨(朱子語錄姓氏)"에 정리된 내용을 기반으로 서울대학교의 박성규가 정리하여 붙인 것이다.
7. 일역판의 교감기를 성실히 검토하였으며, 이에 더하여 조선고사본과 지록으로 대교했다. 기타 다른 판본은 필요하다고 판단한 경우에만 참고했다.
8. 조선고사본은 영인본과 점교본을 함께 사용했다.
9. 지록은 점교본과 대만국가도서관 웹사이트 제공 이미지를 함께 사용했다.

10. 성화본은 대만국가도서관 웹사이트 제공본을 사용했다.
11. 만력본은 일본국립공문서관 웹사이트 제공 하야시 라잔(林羅山, 1583~1657) 수택본을 사용했다.
12. 조선정판본은 대한민국 국회도서관 웹사이트 제공본을 사용했다.
13. 주자어류고문해의는 규장각본, 장서각본, 점교본을 모두 사용했다.
14. 자체(字體)상의 차이는 교감기를 내지 않았다. '개(個)'를 '개(个)'로 쓴 것 정도를 하나하나 기록하면 그것만으로 각주가 수백 개 더 필요할 텐데, 이는 비용이 이득을 압도한다고 생각한다.
15. 그밖에 특정 판본의 오류가 명백한 경우 역시 교감기를 내지 않았다.
16. 모든 오류는 필자가 불민한 탓이다. 독자제현의 질정을 기대한다.

大學一

대학 1

'대학(大學)'은 본권의 주제이다. 주자어류는 권별로 주제가 있는데, 권14부터 18까지는 대학(大學)이 주제이다. 권 14가 대학 1, 권 18이 대학 5이다. 조선고사본에는 '일(一)'자가 없다.

綱領

강령

대학이라는 책에 관한 전반적인 가이드라인이라는 뜻이다. 제 1조에서 54조까지가 이에 해당한다. 제 55조부터 62조까지는 대학장구 서문에 관한 조목들, 제 63조부터 끝까지는 대학의 경(經) 전반부[上]에 관한 조목들이 배치되어 있다. 권 15의 156개 조목들은 모두 경(經)의 후반부에 관한 조목들이다. 권 16은 대학의 전(傳) 제 1장부터 10장까지, 권 17과 18은 대학혹문(大學或問)에 관한 조목들이 수록되어 있다.

14:1[1]

學問須以大學爲先, 次論語, 次孟子, 次中庸. 中庸工夫密, 規模大. <德明>.

학문은 대학(大學)부터 해야 한다. 다음은 논어(論語), 그 다음은 맹자(孟子), 그 다음이 중용(中庸)이다. 중용은 공부(工夫)[2]가 세밀하고 스케일(規模)이 크다.[3] <덕명(德明)[4]의 기록>(44세 이후)[5].

주석

1 조선고사본에서는 이 앞에 '선생의 질문: 대학은 어떻게 보았는가? 이어서 말함:(先生問: 看大學如何? 因言:)'이라고 적혀있다.

2 공부(工夫)는 시간과 정력을 들여 어떤 행위를 상당기간 수행하는 행위 및 그 결과를 말한다. 한윤형(2024)은 이를 현대인들이 종종 매일 반복해서 실천하는 요가, 필라테스, 러닝, 헬스장에서의 트레이닝 루틴 등으로 비유했는데 적절하다. 일역판에서는 이 단어를 종종 '실천(實踐)', '실천내용' 등으로 풀이하는데 이 역시 적절하다. 다만 '실천'이라고 번역할 경우 전적으로 사회적 실천으로 오해될 위험이 있다. 여기서는 중용(中庸)이 독자에게 직접 실행할 것을 요구하는 자기발전의 방법과 내용, 이론적 근거 등이 매우 세밀해서 일견 이해하기 어렵다는 뜻이다.

3 전체적인 구조(structure), 틀, 대강, 스케일 등을 말한다.

4 각 조목의 말미에는 해당 조목을 기록한 원 기록자의 이름이 원주로 달려 있다. 이러한 원주는 조선고사본에도 달려 있으므로 여정덕(黎靖德)이 아니라 그 이전 판본의 편자들이 달아둔 것임이 분명하다.

5 기록자가 주희를 사사했을 당시 주희의 나이를 계산해서 표시한 것이다. '44세 이후'라는 것은 기록자인 덕명이 최초로 주희를 사사한 것이 주희의 나이 44세가 되던 해이므로 정확히 언제인지는 몰라도 해당 발언이 주희 44세 이전의 발언이 아님은 확실하다는 뜻이다.

14:2[1]

[2]讀書, 且從易曉易解處去讀. 如大學中庸語孟四書, 道理粲然. 人只是不去看. 若理會得此四書, 何書不可讀! 何理不可究! 何事不可處! <蓋卿>.

독서는 이해하기 쉬운 데서 시작해야 한다. 대학(大學), 중용(中庸), 논어(論語), 맹자(孟子) 이 네 편의 책 같은 경우는 도리가 찬연(粲然)하다. 그저 사람들이 보려 하지 않을 뿐, 이 네 서책을 이해[理會][3]할 수만 있으면[4] 무슨 책이든 읽지 못할까? 무슨 이치든 파고들지[究][5] 못할까? 무슨 일이든 처리하지 못할까? <개경(蓋卿)의 기록>(65세).

주석

1 지록 29:19에 실려 있다.

2 지록에서는 이 앞에 '금인(今人)'이 더 있다.

3 '리회(理會)'는 주자어류에서 매우 자주 등장하는 단어로 어떠한 대상을 지적으로 파악하기 위한 시도 및 성공적으로 파악한 결과까지 포함하는 말이다. 성공한 결과를 말할 때는 '이해했다' 정도가 적절하고 시도를 말할 때는 '헤아리다', '살피다', '씨름하다', '힘쓰다' 정도가 적절하다. 여기서는 그렇게 노력하여 성공한 결과를 말한다.

4 동사 뒤에 붙은 '득(得)'은 동작을 성공적으로 해냈다는 뉘앙스를 만들어준다. 예컨대 '지득(知得)'은 그냥 '안다'가 아니라 '알게 되었다'나 '알았다' 정도의 의미이다(林麗, 2017).

5 '구(究)'자의 갑골문(甲骨文) 자체(字體)는 동굴 속을 더듬는 모습, 금문(金文)의 경우는 횃불을 들고 동굴 속을 비추는 모습이다. 모르던 것을 끝까지 파고들어 밝혀내는 행위를 말한다. 오늘날 연구(硏究), 궁구(窮究), 탐구(探究)와 같은 형태로 쓰인다.

14:3

某要人先讀大學, 以定其規模; 次讀論語, 以立其根本; 次讀孟子, 以觀其發越; 次讀中庸, 以求古人之微妙處. 大學一篇有等級次第, 總作一處, 易曉, 宜先看. 論語卻實, 但言語散見, 初看亦難. 孟子有感激興發人心處. 中庸亦難讀, 看三書後, 方宜讀之. <寓>.

나는 사람들에게 먼저 대학(大學)부터 읽어서 (배움의) 스케일[規模]을 확정하고, 다음으로 논어(論語)를 읽어서 뿌리를 세우고, 다음으로 맹자(孟子)를 읽어서 (사람 마음을) 격발[發越]시킴을 보게 하고,[1] 마지막으로 중용(中庸)을 읽어서 옛 사람들의 (사유의) 미묘(微妙)한 지점을 탐구하게 한다. 책으로서의 대학은 여러 단계와 순서를 모두 한 곳에 모아두어 이해하기 쉬우니 먼저 읽어야 한다. 반면에 논어는 실질적이긴[實][2] 하지만 말이 단편적으로 흩어져 있어 처음 보면 역시 어렵다. 맹자는 사람 마음을 감동시키고 격발시키는 데가 있다. 중용 역시 읽기 어렵다. 응당 (앞의) 세 책을 먼저 본 후에 읽어야 한다.

<우(寓)의 기록>(61세 이후).

주석

1 미우라 구니오(2012)는 '정신이 고양되는 것'이라고 풀이했다. 다만 본 조목의 마지막 부분을 보면 '고양'은 너무 얌전한 감이 있다. 맹자를 읽으면 고양된다기 보다는 흥분되는 경향이 있다.

2 구체적인 사례와 예증이 많아 현실적이며, 추상적이지 않다는 말이다.

14:4[1]

先看大學, 次語孟, 次中庸. 果然下工夫, 句句字字, 涵泳切己, 看得透徹, 一生受用不盡. 只怕人不下工, 雖多讀古人書, 無益. 書只是明得道理, 卻要人做出書中所說聖賢工夫來. 若果看此數書, 他書可一見而決矣.[2] <謙>.

먼저 대학(大學)을 보고 그 다음 논어(論語)와 맹자(孟子)를 보고 그 다음에 중용(中庸)을 본다. 진실로 대학에 공을 들여[下工夫] 구구절절 깊이 침잠하여[涵泳] 자기 자신에게 절실하도록[切己][3] 익히고 투철하게 이해한다면 일평생 그 쓸모가 끝이 없을 것이다. 그저 사람들이 공을 들이지 않아서 옛사람의 책을 많이 읽었어도 보탬이 없게 되는 상황을 우려할 뿐이다. 책은 도리를 밝힐 수 있을 뿐, 독자 스스로 책 속에서 말하는 성현의 노력[工夫]을 몸소 해내기를 요구한다. 만약 진실로 이 몇 권의 서책을 이해하게 된다면 그 밖의 책들이야 일견(一見)에 판단할 수 있게 될 것이다. <겸(謙)의 기록>(65세)

주석

1 지록 30:40에 실려 있다.

2 지록에서는 이 뒤에 '모두 힘쓰기에 달려있으니 더욱 노력하라(全在下工, 更惟勉之)'가 더 있다.

3 오늘날 자기 자신의 개인적 상황이나 당대의 구체적 문제 등에 긴밀히 결부시키는 방식으로 텍스트를 독해하는 태도를 말한다. 종종 '친절유미(親切有味, 텍스트가 친근하고 절실하여 맛이 있다)' 등으로 표현하기도 한다. 김고은(2023, 155)은 "배움은 일상 곳곳에서 일어난다. 한 번 들었다고 다 안다는 듯 넘기는 것이 아니라 내 삶 순간순간에서 공부한 것을 작동시키는 것, 그래서 알았다고 생각한 것을 구체적인 현장에서 다시 찾아내는 것이 배움이다"라고 적절히 설명했다. 이와 반대되는 태도는, 말하자면, 텍스트를 독자 자신과 무관한 모종의 객관적 사물로 취급하는 것이다.

14:5

論孟中庸, 待大學貫通[1]浹洽, 無可得看後方看, 乃佳. 道學不明, 元來不是上面欠卻工夫, 乃是下面元無根脚. 若信得及, 脚踏實地, 如此做去, 良心自然不放, 踐履自然純熟. 非但讀書一事也.

논어(論語), 맹자(孟子), 중용(中庸)은 대학(大學)을 완전히 꿰뚫어서 그것이 (온몸 구석구석) 스며들어[浹洽] 이제는 더 간파할 것도 남지 않게 된 다음에 보면 좋다. (오늘날) 도학(道學)이 밝지[2] 못한 까닭은 본래 저 위쪽 부분에서의 노력[工夫]이 부족해서가 아니라 애초에 아래쪽에 뿌리가 없어서 그런 것이다.[3] 만약 확실한 믿음을 가지고 실질적인 영역에 발을 딛고서 그렇게 실천해 나아간다면 자연스레 인간 본연의 좋은 마음[良心]을 상실하지 않고 (일상적인 도리의) 실천이 순숙(純熟)해질 것이니 (이로 인한 파급효과의 범위가) 고작 독서 정도에 그치지 않을 것이다.

주석

1 성화본과 조선정판본에서는 '관통(貫通)'을 '통관(通貫)'으로 적었다.

2 주희는 자신과 뜻을 함께하는 동료 선후배들이 투신한 학문적/정치적 운동을 종종 도학(道學)이라고 불렀다. '도학불명(道學不明)'은 이른바 도학자(道學者)들의 상투어로, 대개 '도학이 밝지 못하다'라고 번역한다. 선비들의 업인 배움[學]의 방법과 목적이 무엇인지에 대한 당대의 이해가 부족하거나 잘못되었다 의미이다.

3 위쪽이란 고담준론의 영역, 성리학 용어로 '형이상'의 영역이다. 아래쪽은 일상적인 실천윤리의 영역, 성리학 용어로 '형이하'의 영역이다.

14:6

人之爲學, 先讀大學, 次讀論語. 大學是箇大坯模. 大學譬如買田契, 論語如田畝闊狹去處, 逐段子耕將去.

배울 때는 우선 대학(大學)을 읽고 그 다음 논어(論語)를 읽어야 한다. 대학은 비유하자면 하나의 큰 거푸집[大坯模]이다.[1] 대학은 (또 비유하자면) 농지 매매 계약서[買田契]이고 논어는 그 농지 각 부분의 넓고 좁은 사정에 맞춰 하나하나 경작해 나가는 것과 같다.

或曰: "亦在乎熟之而已[2]."

누군가의 발언: '역시 익느냐[熟]에 달려있을 뿐입니다.'[3]

曰: "然." <去僞>. <人傑同.>[4]

대답: 그렇다. <거위(去僞)의 기록>(46세) <인걸(人傑)도 같은 기록>[5]

주석

1 쇳물을 부어서 금속제품을 주조해내는 몰드(mould)를 말한다. 주희가 대학(大學)에 대해 총평할 적에 자주 이런 비유를 들어 그 구조적 완결성을 칭찬한다.

2 조선고사본에서는 '지이이(之而已)'를 '경장거(耕將去)'로 적었다.

3 대학(大學)과 논어(論語)를 농사로 비유했으므로 여기서도 계속해서 농사의 메타포를 이어가는 것이다. 농지의 전체적인 모양새(대학)에 따라 크고 작은 각 부분의 사정에 맞추어 구체적으로 농사를 짓는 것(논어)이 배우는 이의 공부라고 할 때, 결국 승부처는 각각의 자리에 파종하여 길러낸 곡식이 잘 익느냐 마느냐에 있다. 맹자(孟子) 6A:19에서 맹자는 훌륭한 오곡과 훌

륭하지 않은 피를 구분한다. 오곡이 아무리 훌륭해도 익지 않으면 피만 못하다. 마찬가지로 인(仁) 또한 익지 않으면 쓸모가 없다.

4 조선고사본에서는 반대로 '인걸의 기록. 거위도 같은 기록(人傑, 去僞同)'이라고 적었다.

5 어류의 편찬 과정에서 편집자들은 자주 중복되는 조목들을 산삭(刪削)하고 이런 식으로 기록을 남겼다. 황사의(黃士毅, fl. 13세기)가 촉류(蜀類)의 출간 과정에서 얼마나 많은 분량을 산삭했는지는 기록이 없어 알기 어려우나 여정덕의 경우는 대전(大全)본 초판(1163년) 서문에서 1,150조목을 산삭했다고 밝혔다.

14:7

問: "欲專看一書, 以何爲先?"

질문: 전적으로 한 권만 보고자 한다면 무슨 책을 먼저 볼까요?

曰: "先讀大學, 可見古人爲學首末次第. 且就實處理會卻好, 不消得專去無形影處理會." <淳>.

대답: 먼저 대학을 읽으면 옛사람의 배움의 처음과 끝과 (그 사이) 단계들을 알 수 있다. 실질적인 지점에서 살피는[理會] 편이 좋지, 오직 형체도 그림자도 없는 지점에서만 전적으로 살필[理會] 필요는 없다.

<순(淳)의 기록>(61세 혹은 70세).

14:8

可將大學用數月工夫看去. 此書前後相因, 互相發明, 讀之可見,

不比他書. 他書非一時所言, 非一人所記. 惟此書首尾具備, 易以推尋也. <力行>.

대학(大學) 하나를 가지고 몇 달 힘껏 읽어볼 만하다. 이 책은 앞뒤로 서로 인과적으로 연결되면서 서로가 서로를 밝혀준다. 읽어보면 바로 알 수 있으니, 다른 책들에 비할 바가 아니다. 다른 책들은 특정 시점의 언설도 아니고 특정인의 기록도 아니다.[1] 유독 이 책은 머리와 꼬리를 완비했기 때문에[2] 의미를 추론하고 찾아내기 쉽다.

<역행(力行)의 기록>(62세).

주석

1 예컨대 논어(論語)는 공자(孔子) 일평생의 말을 여러 사람이 기록한 것이므로 체계적인 부분이 부족하다.

2 서두부터 결말까지 체계를 갖추었다는 뜻이다.

14:9

今且須熟究大學作間架, 卻以他書填補去. 如此看得一兩書, 便是[1] 占得分數多, 後卻易爲力. 聖賢之言難精. 難者旣精, 則後面粗者卻易曉. <大雅>.

지금은 우선 대학(大學)을 차분히 연구하여 뼈대[間架]를 세운 다음 다른 책을 가지고 살을 채워 넣어야 한다. 이렇게 한 두 권을 읽으면 상당 부분을 채울 수 있고, 그 후에는 힘을 쓰기가 쉬워진다. 성인과 현인의 말은 정밀하게 이해하기가 어렵다. 어려운 부분을 정밀하게 이해하고 나면 그 뒤의 거친[粗][2] 것들은 쉽게 이해할 수 있다.

<대아(大雅)의 기록>(49세 이후)

주석

1 조선고사본에서는 '시(是)'를 '자(自)'로 적었다.

2 오늘날 한국어 거칠다는 사람의 난폭한 성격을 가리키는 경우가 많다. 여기서의 거칠다는 옷감의 올이 성글어 그 만듦새가 성글고 촉감이 거칠다는 이미지에 가깝다. 대략적인 모양새는 갖추었으나 디테일, 각론이 부족한 경우 '거칠다'고 한다.

14:10

亞夫問大學大意.

아부(亞夫)[1]가 대학(大學)의 대의를 물었다.

曰: "大學是修身治人底規模. 如人起屋相似, 須先打箇地盤. 地盤旣成, 則可擧而行之矣." <時擧>.

대답: 대학은 수기치인(修己治人)의 골격[規模]이다. 집을 짓는 것과 비슷하니, 먼저 지반을 다져야 한다. 지반이 완성되고 나면 (그 다음 공사를) 거행할 수 있게 된다. <시거(時擧)의 기록>(64세 이후)

주석

1 주희의 제자 난연(暖淵, fl. 12세기). 자(字)는 아부.

14:11

或問: "大學之書, 卽是聖人做天下根本?"

누군가의 질문: 대학(大學)이란 책은 성인이 천하를 다스리는[1] 근본입니까?

曰: "此譬如人起屋, 是畫一箇大地盤在這裏. 理會得這箇了, 他日若有材料, 卻依此起將去. 只此一箇道理. 明此以南面, 堯之爲君也; 明此以北面, 舜之爲臣也."

대답: 이는 집짓기로 비유하자면 여기다[2] 큰 지반을 획정하는 것과 같다. 이것을 잘 처리해[理會] 두면 나중에 자재[材料]가 생겼을 때 이 기초에 의지하여 (집을) 지어나갈 수 있다. 그저 이 하나의 도리일 뿐이다. 이 도리 하나를 밝혀서 남면(南面)[3] 한 것이 요(堯)의 임금노릇이다. 이 도리 하나를 밝혀서 북면(北面)한 것이 순(舜)의 신하노릇이다.

주석

1 일역판에 의하면 '주천하(做天下)'는 '위천하(爲天下)'와 같으니 '다스리다'라는 의미이다.

2 일역판은 '재저리(在這裏)'를 '확실하게' '명확하게' 정도의 의미로 풀었다. 여기서는 방향지시의 의미를 간직하고 있다고 보아 이상과 같이 번역했다.

3 임금의 옥좌는 전통적으로 정남향이다. 그래서 '남쪽을 바라본다'고 하면 왕으로 재위한다는 뜻이다.

14:12[1]

大學一書, 如行程相似. 自某處到某處幾里, 自某處到某處幾里. 識得行程, 須便行始得. 若只讀得空殼子, 亦無益也. <履孫>.

대학(大學)이란 책은 여행가이드북[行程][2] 과 비슷하다. 어디에서 어디까지 가는데 몇 리, 어디에서 어디까지 가는데 몇 리. 여정을 알았으면 실제로 길을 가야만 한다. 빈껍데기[空殼子]만 읽어서는 아무 도움이 안 된다. <리손(履孫)의 기록>(65세)

주석

1 지록 32:1에 실려 있다.

2 '행정(行程)'은 다음 목적지까지의 방향과 거리를 말한다. 예컨대 여기서 A산이 나올 때까지 북쪽으로 10리를 가고, 그 뒤에 B강을 만날 때까지 서북쪽으로 20리를 가고, 강을 건넌 뒤 서쪽으로 20리를 가면 C현이 나온다는 식이다. 여기서는 14:13을 참조하여 그러한 내용을 기록해 둔 가이드북으로 풀이했다.

14:13[1]

大學如一部行程曆, 皆有節次. 今人看了, 須是行去. 今日行得到何處, 明日行得到何處, 方可漸到那田地. 若只把在手裏翻來覆去, 欲望之燕, 之越, 豈有是理! <自修>.

대학(大學)은 여행가이드북[行程曆]과 같아서 모두 순서가 있다. 독자가 이걸 보았으면 이제는 직접 가야 한다. 오늘 이동해서 어디에 도착하고 다음날 이동해서 저기에 도착하고, 그래야 점차 목적지에 도달할 수 있다. 그저 가이드북을 손 위에 올려놓고 뒤적거리기만 하면서 연(燕)나라에 가고 월(越)나라에 가기를 바란다면[2], 그런 이치가 어디 있단 말이냐? <자수(自修)의 기록>(65세)

주석

1 지록 31:8에 실려 있다.

2 연나라는 오늘날 북경(北京) 및 그 위쪽 지역으로 중화세계의 최북단을 상징한다. 반대로 월나라는 최남단의 대명사이다.

14:14

大學是一箇腔子, 而今卻要去塡敎實著[1]. 如他說格物, 自家是去格物後, 塡敎實著; 如他說誠意, 自家須是去誠意後, 亦塡敎實著.

<節>.

대학(大學)은 빈 뱃속[腔子]이니 이제 (음식물을) 채워 넣어야 한다. 대학에서 격물(格物)[2]을 설명했으면 자신은 스스로 격물을 실천함으로써 채워 넣어야 한다. 대학에서 성의(誠意)[3]를 설명했으면 자신은 스스로 성의를 실천함으로써 채워 넣어야 한다. <절(節)의 기록>(64세 이후).

주석

1 조선고사본에서는 '착(著)'이 없다. 만력본에서는 '간(看)'으로 적었다.

2 대학 팔조목(八條目) 중 첫 번째이다. 현상세계의 사물과 사태에 직접 접촉하여 탐구하고 파고드는 공부를 말한다.

3 팔조목 중 세 번째이다. 도덕실천에 있어서 의지의 진실성을 확보하라는 말이다.

14:15[1)]

大學重處都在前面. 後面工夫漸漸輕了, 只是揩磨在. <士毅>.

대학(大學)의 무거운 부분은 모두 전면에 있다.[2)] 후면 공부는 점점 가벼워진다. 갈고 닦기만[揩磨]하면 된다.[3)] <사의(士毅)의 기록>(미상).

<廣錄云: "[4)]後面其失[5),6)]漸輕, 亦[7)]是下揩磨底工夫在.">[8)]

<광(廣)의 기록: 뒷부분은 공부가 점점 가벼워지지만 그래도 역시 갈고 닦는 공부를 해야 한다.[9)]>

주석

1 지록 2:52에 본문이 아니라 주석 쪽이 실려 있다.

2 앞부분이 어디까지인가에 대해서는 의견이 갈린다. 일역판은 15:115 등을 근거로 성의까지가 앞부분 나머지가 뒷부분이라고 보았다. 고문해의는 수신까지를 앞부분, 제가 이하를 뒷부분으로 보았다.

3 '해마(揩磨)'는 목재나 석재 기물을 만든 뒤 표면을 갈고 닦는(=연마하는) 마무리 작업이다. 문장 말미의 '재(在)'는 단정하는 어조를 나타낸다.

4 지록에서는 이 앞에 '대학중처도재전면(大學重處都在前面)'이 더 있다.

5 '기실(其失)'은 지록을 포함하여 확인 가능한 다른 모든 판본에서 '기실'이다. 하지만 고문해의에서는 이 두 글자가 '공부(工夫)'의 오기일 것이라고 추측했고 일역판 역시 고문해의의 의견을 그대로 수용하여 '공부'로 리교(理校)하였다. 본서에서도 이 의견을 받아들여 '공부'로 간주하고 번역했다.

6 지록에서는 이 뒤에 '역(亦)'이 더 있다.

7 지록에서는 '역(亦)'을 '지(只)'로 썼다.

8 조선고사본에는 이 부분 전체가 없다.

9 '재(在)'는 단정적 느낌을 주는 어조사이다.

14:16

看大學前面初起許多, 且見安排在這裏. 如今食次冊相似, 都且如此呈說後, 方是可喫處. 初間也要識許多模樣. <賀孫>.

대학(大學)을 보면 앞부분에서 여러가지를 대략적으로 거론해 두어서 (책 전체의) 배치구도를 여기서 볼 수 있다. 예컨대 오늘날 식사책[食次冊][1]과 비슷하니 다들 우선 이렇게 개괄한 후에야 먹을 수 있는 부분이 나온다. 초반에는 역시 전체적인 모양(模樣)새를 알아야 한다.

<하손(賀孫)의 기록>(62세 이후).

주석

1 일역판에서는 식단(食單), 식보(食譜), 메뉴(menu)와 같은 것으로 추정했다. 정확히 무엇을 가리키는지는 분명치 않지만 주희의 설명을 고려해보면 식재료와 조리법 등을 정리한 서적인 것으로 보인다.

14:17

大學一字不胡亂下, 亦是古人見得這道理熟. 信口所說, 便都是這裏. <淳>.

대학(大學)은 한 글자도 허투루 쓰지 않았으니 옛사람은 역시 이 도리를 익숙하게 알았던 것이다. 입에서 나오는 대로 다 말해도[1] 모두 이쪽[這裏]이다.[2] <순(淳)의 기록>(61세 혹은 70세).

주석

1 '신구(信口)'는 입에 맡겨두고 말한다는 뜻이다. 신중한 고려 없이 나오는 대로 말하는 것이다.

2 일역판에서는 '도리에 맞았다', 영역판에서는 '말에 진리가 가득했다'라고 의역했다. 앞에서 '저도리(這道理)'라는 표현을 썼다는 것을 감안하면 여기서 말한 '이쪽[這裏]' 역시 도리를 가리키는 것이 아닐까 생각한다. 그렇다면 '입에서 나오는 대로 다 말해도 모두 다 도리이다.' 정도로 의역할 수 있겠다.

14:18

大學總說了, 又逐段更說許多道理. 聖賢怕有些子照管不到, 節節覺察將去, 到這裏有恁地病, 到那裏有恁地病. <節>.

대학(大學)은 총체적으로 설명한 후에 다시 단락을 따라 한번 더 여러 도리를 설명한다. 성인과 현인들은 (단계마다) 제대로 돌보지[照管] 못하는[1] 이들이 있을까 염려하여 여기에 이르러서는 이런 병통이 있을 수 있고 저기에 이르러서는 저런 병통이 있을 수 있다고 절목마다 점검하고 드러낸 것이다.[2] <절(節)의 기록>(64세 이후).

주석

1 '조관(照管)'은 유심히 잘 살펴 운영하고 관리하는 것이다.

2 '각찰(覺察)'은 찾아내어 아는 것이다. 마치 숨어있는 범인을 찾아내 사건을 해결하는 탐정의 행위와 같다.

14:19[1)]

明德, 如八窗玲瓏, 致知格物, 各從其所明處去. 今人不曾做得小學工夫, 一旦學大學, 是以無下手處. 今且當自持敬始, 使端慤[2)]純一靜專, 然後能致知格物. <椿[3)]>.

명덕(明德)은 마치 팔방으로 영롱하게 빛나는 창문들 같고,[4)] 치지격물(致知格物)은 각각의 밝은 지점에서 수행하는 것이다.[5)] 요즘 사람들은 소학(小學) 공부를 해본 적도 없는 상태에서 갑자기 대학(大學)을 배우기 때문에 실질적으로 힘쓸 지점[下手處]이 없다.[6)] 지금 일단 지경(持敬)부터 시작해서 진실하고 순수하며 평온하게 통일된 상태를 만든 다음에야 치지격물을 할 수 있다.[7)] <춘(椿)의 기록>(59세).

주석

1 이 조목은 조선고사본에서 최소 세 군데에 실려있다. 권 14에 전체가 실려있고 권 15에는 처음부터 '소명처거(所明處去)'까지, 권 17에는 '금인부증(今人不曾)'부터 끝까지가 실려있다.

2 조선고사본(14), 성화본, 만력본, 화각본, 조선정판본에서는 모두 '각(慤)'을 '확(確)'으로 썼다. 조선고사본(17)에서는 '적(的)'이라고 썼다.

3 조선고사본(14)의 기록자는 통행본과 같다. 조선고사본(15)의 기록자는 '문수(文壽)', 조선고사본(17)의 경우는 '문위(文蔚)'이다. '춘(椿)'의 풀네임은 위춘(魏椿), 자(字)는 원수(元壽)인데, 주자어류휘교에서는 이를 근거로 '문수'는 '원수'의 오기일 것이라고 추정했다.

4 일역판에서는 당나라 시인 노륜(盧綸, 739~799)의 시 '부득팽조루송양종덕귀서주막(賦得彭祖樓送楊宗德歸徐州幕)'을 전거로 제시한 뒤, 태양빛이 여덟 개의 창문을 통해 바깥에서 안쪽으로 쏟아져 들어와 방이 밝은 상태로 이해했다. 다만, 주희는 명덕(明德)을 거울과 같은 반사체로 비유하기도 하고 구슬과 같은 발광체로 비유하기도 하므로 여기서의 '팔창영롱' 역시 빛의 방

향이 안쪽에서 바깥쪽으로 향하는 것인지 혹은 그 반대인지 단언하기 어렵다. 120:95에서도 이 표현을 사용하는데, 그곳에서는 민활한 인간의 정신을 형용하는 말이다. 유사한 표현인 팔면영롱(八面玲瓏) 역시 사람의 민활함을 의미한다. 창문이 있는 구조물을 사람으로 형용하는 경우가 종종 있는데, 이 때 창문은 인간과 외계의 접점인 감각기관을 의미한다. 따라서 여덟 창문이 반짝이는 사람은 시각 청각 촉각 등의 감각이 예민하고 일처리가 민활한 사람이 되는 것이다.

5 종종 어떤 사태를 보고서 우리 안에서 착하고 훌륭한 심사가 강하고 뚜렷하게 솟아나는 경우가 있다. 이런 경우가 '각각의 밝은 지점'이다.

6 소학은 평상시 윤리적 덕목의 실천을 통해 도덕률이 몸에 배도록 하는 일련의 훈육 프로그램이다. 이러한 훈육 프로그램으로 단련된 몸과 마음으로 각각의 도덕률의 의미를 탐구하는 것이 격물치지이다. 선행 단계를 거치지 않았기 때문에 이미 어른이 된 현재 단계에서는 격물치지를 수행하기 어렵다는 말이다.

7 주희가 생각하는 이상적인 배움의 과정은 어렸을 적에 도덕원칙들을 신체화/습관화 시킨 뒤 (곧, 소학의 단계) 커서 그러한 도덕원칙들을 이지적으로 묻고 따져서 이해하는 것이다(곧, 대학의 단계). 하지만 주희가 보기에 오늘날에는 어려서부터 몸으로 익히는 사람들이 없으므로 불가피하게 소학의 과정을 다 큰 다음에 보충해야 한다. 이러한 보충 작업이 지경(持敬), 곧 경(敬) 공부이다. 비유하자면 평생에 걸쳐 소학 때 못 했던 것을 벌충해야 하는 검정고시 같은 것이다. 조금 더 비근하게 설명하자면 몸가짐을 삼가고 흐리멍텅한 정신을 고조시켜 맑고 투명하고 집중된 상태로 유지하는 습관을 말한다.

14:20[1)]

而今無法. 嘗欲作一說, 教人只將大學一日去讀一遍, 看他如何是大人之學, 如何是小學, 如何是明明德, 如何是新民, 如何是止於至善. 日日如是讀, 月去日來[2)], 自見所謂溫故而知新. 須是知新[3)], 日日看得新方得. 卻不是道理解新, 但自家這箇意思長長地新. <義剛>.

다른 뾰족한 수가 없다.[4] 전에 한번은 이렇게 주장하고 싶었다. 사람들에게 단지 대학(大學)을 하루에 한 번 읽게 시켜서 무엇이 어른의 학문인지, 무엇이 아이의 학문인지, 무엇이 명명덕(明明德)인지, 무엇이 신민(新民)인지, 무엇이 지어지선(止於至善)인지 알게 하는 것이다. 매일 이렇게 읽다 보면 시간이 지나서 자연스럽게 이른바 "옛 것을 익혀서 새 것을 안다(溫故而知新)"[5]는 것이 무슨 뜻인지 알게 될 것이다. 새 것을 알아야 한다. 매일 새롭게 이해해야만 한다. 도리가 새로워질 수는 없으나[6] 자신의 이해는 계속해서[7] 새로워진다.

<의강(義剛)의 기록>(64세 이후).

주석

1 지록 27:281에 실려 있다.

2 조선고사본, 성화본, 조선정판본에서는 '거(去)'와 '래(來)'의 자리가 바뀌어 있다.

3 만력본에서는 '신(新)'을 '심(心)'으로 적었다.

4 '무법(無法)'은 지름길이 따로 없다는 말이다. 정공법 밖에 없으니 큰 길로 가라는 충고를 하고 싶을 적에 주희가 종종 사용하는 표현이다.

5 논어 2:11.

6 '해(解)'는 할 수 있다는 뜻이다.

7 '장장(長長)'은 늘 그렇다는 뜻이다.

14:21

才仲問大學.

재중(才仲)[1]이 대학(大學)에 관하여 질문.

曰: "人心有明處, 於其間得一二分, 卽節節推上去."

대답: 사람의 마음에는 밝은 곳이 있다.[2] 그 속에서 한두 가지를 얻어 차근차근 밀고 나아가는 것이다.

又問: "小學·大學如何?"

재질문: 소학(小學)과 대학(大學)은 어떻게 다릅니까?

曰: "小學涵養此性, 大學則所以實其理也. 忠信孝弟之類, 須於小學中出. 然正心·誠意之類, 小學如何知得. 須其有識後, 以此實之. 大抵大學一節一節恢廓展布將去, 然必到於此而後進. 旣到而不進, 固不可; 未到而求進, 亦不可. 且如國旣治, 又卻絜矩, 則又欲其四方皆準之也. 此一卷書甚分明, 不是滾[3]作一塊物事." <可學>.

대답: 소학은 이 본성[性]을 함양(涵養)하는 것이고, 대학(大學)은 그 이치[理]를 채워 넣는[實] 단계이다.[4] 충신(忠信), 효제(孝弟)와 같은 덕목은 소학의 단계에서 등장해야 한다. 그러나 정심(正心), 성의(誠意)와 같은 것은 소학의 단계에서 어떻게 알 수 있겠나. 모름지기 식견이 생긴 후에 이것[5]을 가지고 채워 넣어야[實] 한다. 대체로 대학은 단계별로 차근차근 확장되어 나아간다. 하지만 반드시 한 단계에 이른 후에야 (그 다음 단계로) 나아갈 수 있다. 이미 한 단계에 도달했는데도 (다음 단계로) 나아가지 않는 것이야 물론 불가하고, 아직 도달하지 못했는데도 (다음 단계로) 나아가려고 하는 것도 불가하다. 예를 들어 나라

가 이미 잘 다스려졌는데도 다시 혈구(絜矩)[6] 하는 것은 천하 사방이 모두 평준해지기를 바라는 것이다. 이 한 권의 책은 (단계와 절차가) 매우 분명하다. (경계선 없이) 뒤섞인 한 덩어리가 아니다.

<가학(可學)의 기록>(62세).

주석

1 위병(魏丙)의 자(字)는 재중(才仲), 혹은 재중(材仲)이다. 자세한 인적사항은 미상이다.

2 '밝은 곳'에 대해서는 14:19의 주석을 참조하라.

3 조선고사본, 성화본, 만력본, 조선정판본에서는 '곤(滾)'을 '곤(袞)'으로 썼다.

4 '실기리(實其理)'는 번역하기 어렵다. 영역판은 'substantiate the principles'라고 하였다. 일역판은 '실천'으로 풀었다. 주자학대계판은 '충실하게 하다' 혹은 '채우다'로 풀었다. 56:38에서 주희는 여조겸의 말을 인용하며 실(實)에 세 가지 뜻이 있다고 정리한다. 하나는 '명'과 짝이 되는 개념으로 '명실'의 '실'이다(有對名而言者, 謂名實之實). 이치와 짝이 되는 개념일 때도 있는데 이 경우 '사실'의 '실'이다(有對理而言者, 謂事實之實). 꽃과 짝이 되는 개념으로 사용될 수도 있는데 이 경우 '화실'의 '실'이다(有對華而言者, 謂華實之實). 세 경우 모두 추상성에 대비되는 구체성과 현실성, 마지막으로 실용성의 의미가 있다. 다만 여기서는 앞뒤 문맥을 따져 '채우다'로 번역했다.

5 대학(大學) 단계에서의 공부를 말한다.

6 대학(大學) 전10장에 나온다. '구'는 직각자, '혈'은 헤아린다는 뜻이다. 내 마음을 하나의 기준으로 삼아(구) 다른 사람의 마음 속에 있는 동일한 심정을 헤아리는(혈) 것을 말한다. 자기 안에 있는 심성 속에서 만민이 모두 공유하고 있는 보편성을 확인하고 실천하면 다른 사람들 역시 그렇게 인식하고 실천하도록 인도하고 싶어진다. 예를 들어 내가 내 아이를 사랑하여 잘 지켜주고 싶은 마음이 보편적임을 알고 나면 다른 사람도 그렇게 할 수 있도록 돕고 싶어진다. 주희는 이러한 인식과 실천이 확산되면 온 나라가 잘 다스려질 것이고, 더 나아가 온 세상이 잘 다스려질 것이라고 주장한다. 16:212를 참조하라.

14:22

大學是爲學綱目. 先通大學, 立定綱領, 其他經皆雜說在裏許. 通得大學了, 去看他經, 方見得此是格物·致知事; 此是正心·誠意事; 此是修身事; 此是齊家·治國·平天下事.

대학(大學)은 학문의 개요[綱目][1]이다. 먼저 대학을 완전히 이해하여[通][2] 뼈대를 확고하게 세우면 그 밖의 다른 경서들이 말하는 내용은 모두 이 안에 넣을 수 있다. 먼저 대학을 완전히 이해하고[通]나서 다른 경서를 보면 그제서야 비로소 이것은 격물치지(格物致知)의 일이고, 이것은 정심성의(正心誠意)의 일이며, 이것은 수신(修身)의 일이고, 이것은 제가치국평천하(齊家治國平天下)의 일이구나 하고 알게 된다.[3]

주석

1 Gardner(2022, 93)는 'outline'이라고 번역했는데 적절하다.

2 '통(通)'은 통효(通曉)를 뜻한다. 완벽히 마스터한다는 말이다.

3 이상이 대학의 팔조목(八條目)이다.

14:23

問: "大學一書, 皆以修身爲本. 正心·誠意·致知·格物, 皆是修身內事."

질문: 대학(大學)이라는 책 전체가 수신(修身)을 근본으로 삼고 있습니다. 정심(正心), 성의(誠意), 치지(致知), 격물(格物)은 모두 수신에 속한 일입니다.

曰: "此四者成就那修身. 修身推出, 做許多事." <椿>.

대답: 그 네 가지로 저 수신을 성취하는 것이다. (그 후) 수신에서 미루어나가 많은 일을 하는 것이다. <춘(椿)의 기록>(59세).

14:24

致知·格物, 大學中所說, 不過"爲人君, 止於仁; 爲人臣, 止於敬"之類. 古人小學時[1]都曾理會來. 不成小學全不曾知得? 然而雖是"止於仁, 止於敬", 其間卻有多少事? 如仁必有所以爲仁者, 敬必有所以爲敬者,[2] 故又來大學[3]致知·格物上窮究敎盡. 如入書院, 只到書院門裏, 亦是到來, 亦喚做[4]格物·致知得[5]. 然卻不曾到書院築底處, 終[6]不是物格·知至. <僩>.

치지(致知)와 격물(格物)은 대학(大學)에서 말한 것과 같이 '임금이 되어 인(仁)에 멈추고, 신하가 되어 경(敬)에 멈춘다'[7]는 등에 불과하다. 옛사람들은 소학(小學)에서 이미 이것을 이해했다[理會].[8] 설마하니[不成][9] 소학의 단계에서 전혀 알지 못했겠는가? 하지만 비록 '인(仁)에 멈추고, 경(敬)에 멈춘다'고는 해도 그 사이에 얼마나 많은[多少][10] 일들이 있을 것인가? 예를 들어 인(仁)에는 반드시 인인 이유가 있고, 경(敬)에는 반드시 경인 이유가 있다. 그러므로 다시 대학에 와서 치지(致知)와 격물(格物)을 통해 끝까지 남김없이 파고드는[窮究] 것이다. 서원(書院)에 들어가는 것으로 비유하자면, 서원의 대문만 통과했어도 (안쪽에) 도달한 것은 도달한 것이니 역시 '사물에 나아가[格物] 앎을 지극히[致知]' 하려 했다고 말할 수는 있겠다. 그러나 서원의 밑바닥[築底處][11]까지 도달하지 못하면 끝내 '사물에 나아갔고 앎이 지극해졌다[物格知至]'는 아닌 것이다. <순(榗)의 기록>(59세).

주석

1 조선고사본에서는 '고인소학시(古人小學時)'를 '고인약시소학지시(古人若是小學之時)'라고 썼다.

2 조선고사본에서는 '여인필유소이위인자, 경필유소이위경자(如仁必有所以爲仁者, 敬必有所以爲敬者)'가 통째로 없다.

3 조선고사본에서는 이 뒤에 '어(於)'가 더 있다.

4 조선고사본에서는 '환주(喚做)'를 '왈(曰)'로 썼다.

5 조선고사본에서는 '득(得)'이 없다. 일반적으로 동사 뒤에 붙은 '득'은 해당 행위를 해낼 수 있는 능력을 말하거나, 해당 행위를 실제로 완수해냈음을 말한다. 이 구문에서는 양쪽 다 해당하지 않으므로 '득'자가 없는 편이 낫다.

6 조선고사본에서는 이 뒤에 '시(是)'가 더 있다.

7 대학 전 3장. '멈춘다[止]'는 지선(至善)에 멈춘다는 말이다. 지선은 각각의 사태와 상황에 있어서 우리가 취할 수 있는 최선의 자리, 가장 훌륭한 스탠스를 말한다. 임금된 입장에서 취할 수 있는 가장 훌륭한 스탠스가 인이라면 신하된 입장에서 취할 수 있는 가장 훌륭한 스탠스가 경이다. 지(止)는 바로 그러한 스팟에 1)도달해서 2)멈추고 3)머무르는 일을 모두 가리킬 수 있다. 사람의 수양을 여정으로 비유하자면 그러한 스팟에 도달하는 것도 '지'이고, 그러한 스팟을 지나쳐가지 않고 딱 맞게 멈추는 것도 '지'이고, 그 자리에 멈춘 뒤에 다른 곳으로 옮겨가지 않고 자리를 고수하는 것도 '지'이다. 동계 종목 가운데 컬링에서 득점하는 방법을 떠올리면 가장 적절하다. 14:101과 108에서도 자세히 설명하고 있으니 해당 조목을 참조하라.

8 '리회(理會)'는 앞선 조목들에서 설명했듯 어떠한 것을 살피고 알아보고 헤아리고 종사하여 이해에 이르는 것까지를 모두 말할 수 있다 '래(來)'는 동사 뒤에 붙어서 과거의 일을 회상하는 느낌을 표현한다.

9 '불성(不成)'은 문장 가장 앞에 위치하여 문장 전체를 수사의문문으로 만들어준다. 우리말 '설마', 중국어 '난다오(難道)'에 해당한다.

10 '다소(多少)'는 현대 중국어 '두어머(多麽)'와 같다. 어떠한 정도나 수량을 과장하는 감탄사이다.

11 '축(築)'은 본격적인 건설에 들어가기 전에 절구공이 등으로 땅을 때려서 다지는 작업, 또는 그때 사용하는 절구공이를 말한다. 그러므로 '축저처(築底處)'는 서원의 밑바닥 기반부를 말한다.

14:25[1]

人多敎踐履, 皆是自立標置去敎人. 自有一般資質好底人, 便不須窮理·格物·致知. 此聖人作今[2]大學, 便要使人齊入於聖人之域. <榦>.

사람들이 많이들 실천[踐履]을 가르치는데 모두다 자의적으로 목표[標置]를 세워 남을 가르치는 것이다. 원래부터 자질이 좋은 사람들이야 당연히 궁리(窮理), 격물(格物), 치지(致知)가 필요 없다.[3] 성인이 대학(大學)을 지은 것은 (자질이 좋은 사람들뿐만이 아니라) 모든 사람들을 함께 성인의 경지로 이끌기 위해서이다. <간(榦)의 기록>(미상).

주석

1 9:34에 거의 동일한 기록이 있으니 참조하라.

2 9:34에서는 '今'을 '个'로 썼다. 9:34처럼 쓰는 편이 더 합리적이므로 여기서도 그렇게 번역했다.

3 궁리, 격물, 치지 등의 목표는 어떤 도덕률이 도덕률인 이유, 곧 '소이연(所以然)'을 찾는 것이다. 이웃에게 가진 것을 나누어 주라고 가르치는 것이 '실천[踐履]'을 가르치는 행위라면, 그것이 훌륭한 이유를 탐구하는 것이 격물치지이다.

14:26

大學所載, 只是箇題目如此. 要須自用工夫做將去. <賀孫>.

대학(大學)에 실려 있는 것은 이렇게 제목(題目)[1]들뿐이다. (그러니) 반드시 스스로 힘써 해나가야 한다. <하손(賀孫)의 기록> (62세 이후).

주석

1 책의 목차에 대제목, 중제목, 소제목만 나열되어 있으면 어떤 것의 골격만 있다는 느낌이 들 것이다. 삼강령과 팔조목이 모두 이런 제목들이다.

14:27

大學教人, 先要理會得箇道理. 若不理會得, 見聖人[1]許多言語都是硬將人制縛, 剩許多工夫. 若見得了, 見得許多道理, 都是天生自然鐵定底道理, 更移易分毫不得. 而今讀大學, 須是句句就自家身上看過, 少間自理會得, 不待解說. 如語孟六經, 亦須就自家身上看, 便如自家與人對說一般, 如何不長進! 聖賢便可得而至也. <賀孫>.

대학(大學)은 사람들에게 먼저 도리(道理)를 이해하도록 가르친다. 도리를 이해하지 못하면 성인의 많은 말이 모두 억지로[硬] 사람을 속박하며 불필요하게 수고로운[工夫] 것으로 보일 것이다. 그러나 도리를 이해하게 되면 그 많은 도리가 모두 하늘이 낳아 자연스럽고 무쇠처럼 확고하여[天生自然鐵定] 티끌만큼[分毫][2]도 바꾸거나 옮길 수 없는 것임을 알게 될 것이다. 이제 대학을 읽을 때에 반드시 구구절절 자기 자신에게 적용하여 보아야 하니, 그러면 해설 없이도 머지않아 스스로 이해하게 될 것이다. 논어(論語), 맹자(孟子), 육경(六經)도 역시 자기 자신에게 적용하여 보아야 하니, 그렇게 하면 마치 남들과 대화하는 것과 같아진다. 어찌 발전하지 않겠나? 성현의 경지에도 도달할 수 있다. <하손(賀孫)의 기록>(62세 이후).

주석

1 조선고사본, 성화본, 조선정판본에서는 '인(人)'을 '현(賢)'으로 썼다.

2 1 촌(寸)은 대략 오늘날 3센티미터, 1 푼(分)은 3밀리미터, 1 리(釐)는 0.3밀리미터, 1 호(毫)는 0.03밀리미터이다.

14:28

今人都[1]是爲人而學. 某所以教諸公讀大學, 且看古人爲學是如何, 是理會甚[2]事. 諸公願爲古人之學乎? 願爲今人之學乎? <敬仲>.

요즘 사람들은 죄다 남을 위해[爲人] 배운다. 내가 여러분에게 대학(大學)을 읽게 하는 이유는 우선 옛사람들의 배움은 어떠했는지, 무엇을 이해하려 했는지를 보게 하기 위함이다. 여러분은 옛사람의 학문을 하고자 하는가? 아니면 요즘 사람의 학문을 하고자 하는가?

<경중(敬仲)의 기록>.

주석

1 조선고사본에서는 '도(都)'를 '각(却)'으로 썼다.

2 조선고사본에서는 이 뒤에 '저(底)'가 더 있다.

14:29[1]

讀大學, 且逐段捱[2]. 看這段時[3], 似得無後[4]面底. 看第二段, 卻思量前段, 令文意聯屬, 卻不妨. <幹>.

대학(大學)을 읽을 때는 각 단락을 천천히 파고들어야[5] 한다. 첫 단락을 볼 때는 뒷부분이 없는 것처럼 하고, 두 번째 단락을 볼 때는 앞 단락을 생각하여 글의 의미가 연결되도록 해야 좋다.

<간(幹)의 기록>(미상).

주석

1 이 조목은 10:48과 흡사하니 참고하라.

2 조선고사본에서는 '애(捱)'를 '애장거(啀將去)'로 썼다.

3 조선고사본에서는 '간저단시(看這段時)'가 없다.

4 조선고사본에서는 '후(後)'가 없다.

5 '애(捱)'자에는 천천히 나아간다는 의미가 있다.

14:30

看大學, 固是著[1]逐句看去. 也須先統讀傳文教熟, 方好從頭仔細看. 若全不識傳文大意, 便看前頭亦難. <賀孫>.

대학(大學)을 볼 때에 한 구절씩 읽어 나가는 것도 물론 좋겠지만, 역시 먼저 전문(傳文)[2]을 전체적으로 읽어[統讀] 익숙해진 다음에 첫 부분[3]부터 순서대로 자세히 읽어야 좋다. 만약 전문(傳文)의 대의(大意)를 전혀 이해하지 못하고 곧바로 앞쪽 부분을 읽으면 역시 이해하기 어렵다. <하손(賀孫)의 기록>(62세 이후).

주석

1 조선고사본에서는 '저(著)'를 '간(看)'으로 썼다.

2 대학(大學) 전 제 1장부터 10장까지를 말한다. 주자어류에서는 권 16에 해당한다.

3 대학(大學) 경문(經文)을 말한다. 어류에서는 권 14의 후반부 및 권 15에 해당한다.

14:31

或問讀大學.

누군가가 대학(大學)을 읽는 것에 관하여 질문.

曰: "讀後去, 須更溫前面, 不可只恁地茫茫看[1]. 須'溫故而知新'. 須是溫故, 方能知新. 若不溫故, 便要求知新, 則新不可得而知, 亦不可得而求矣." <賀孫>.

대답: 뒷 부분을 읽은 후 다시 앞 부분을 익혀야[溫]지 그렇게 막연하게[茫茫] 읽어서는 안 된다. 반드시 '옛 것을 익혀 새것을 알(溫故而知新)'[2]아야 한다. 모름지기 옛 것을 익혀야만 그제야 새로운 것을 알 수 있다. 만약 옛 것을 익히지 않고서 새로운 것을 알기를 바란다면, 새로운 것을 알 수도 없고 구할 수도 없게 될 것이다. <하손(賀孫)의 기록>(62세 이후).

주석

1 조선고사본, 성화본, 조선정판본에서는 이 뒤에 '거(去)'가 더 있다.

2 논어 2:11.

14:32

讀大學, 初間也只如此讀, 後來也只如此讀. 只是初間讀得, 似不與自家相關; 後來看熟, 見許多說話須著如此做, 不如此做自不得. <賀孫>.

대학(大學)을 읽을 때, 처음에도 그냥 이렇게 읽고 나중에도 역시 그냥 이렇게 읽을 뿐이다. 다만, 처음 읽을 때는 자신과 상관이 없는 것처럼 느껴지지만, 나중에 익숙해지면 책 속의 많은 말들이 반드시 이렇게 적혔어야만 하며, 이렇게 적히지 않았으면 안 되었다는 것을 알게 된다. <하손(賀孫)의 기록>(62세 이후).

14:33

謂任道弟讀大學, 云: "須逐段讀教透, 默自記得, 使心口相應. 古時無多書, 人[1]只是專心暗誦. 且以竹簡寫之, 尋常人如何辦得竹簡如此多. 所以人皆暗誦而後已. 伏生亦只是口授尚書二十餘篇. 黃霸就獄, [2]夏侯勝受尚書於獄中[3], 又豈[4]得本子. 只被他讀得透徹. 後來著述, 諸公皆以名聞. 漢之經學所以有用."[5] <賀孫>.

(선생이) 내(엽하손) 동생 임도(任道)[6]에게 대학(大學)을 읽는 것에 대하

여 말함: 반드시 (순서대로) 단락을 따라 철저히 읽어, 마음과 입이 서로 호응하도록 묵묵히 암송해야 한다. 고대에는 책이 많지 않아서 사람들은 그저 전심전력 암송했다. 게다가 죽간(竹簡)에다 글을 적었으니 평범한 사람이 어떻게 그렇게 많은 죽간을 마련할[辦][7] 수 있었겠나? 그래서 다들 모조리 암송하고야 말았던 것이다. 복생(伏生, fl. 기원전 2~3세기)도 단지 구두로 상서(尙書) 20여 편을 전수했을 뿐이다.[8] 황패(黃霸, ?~BC51)는 투옥된 이후 옥중에서 하후승(夏侯勝, ?~?)에게 상서를 배웠는데, 어떻게 서책을 얻을 수 있었겠나? 단지 하후승을 따라 투철하게 암송했을 뿐이다.[9] 후에 책을 저술하여 그들 모두 명성을 얻게 되었다. 한(漢)나라의 경학(經學)이 유용한 이유이다.

<하손(賀孫)의 기록>(62세 이후).

주석

1 조선고사본에서는 '인(人)'을 '인인(人人)'으로 썼다.

2 일역판은 이 앞에 '종(從)'자가 있어야 할 것 같다고 제안했다. 내용상 그렇게 보아야 하는 건 맞지만 별다른 판본상의 근거가 없으니 글자를 삽입하기는 부담스럽다.

3 조선고사본에서는 '옥중(獄中)'이 두 번 반복된다.

4 조선고사본에서는 '기(豈)'를 '안(安)'으로 썼다. 문세상 '안(安)'이 낫다고 보아 따랐다.

5 조선고사본에서는 이 뒤로 작은 글씨로 '지본은 여기서 끝난다(池本止此)'라고 쓰고 그 뒤로 큰 글씨로 '이어서 말함: 여정보(余正甫)가 전날 고집스럽게 "한 나라에는 오직 하나의 종(宗)만 있어야 한다"고 주장했다. 내가 "한 집안에도 대종(大宗)과 소종(小宗)이 있는데, 어찌 한 나라에 하나의 종(宗)만 있을 수 있는가?" 하니, 그가 소리 높여 항변하였다. 내가 책(本)을 검토해서 그에게 보여주니 비로소 입을 다물었다.(因云: 余正甫前日堅說一國一宗. 某云: 一家有大宗, 有小宗, 如何一國卻一人?" 渠高聲抗爭. 某檢本與之看, 方得口合.')'라고

썼다. 이 뒷부분은 통행본 90:58에 거의 그대로 실려있다.

6 주희의 제자 엽하손의 동생이다. 일역판의 주석에 의하면 엽적(葉適, 1150~1223)의 문집인 수심선생문집(水心先生文集)과 류극장(劉克莊, 1187~1269)의 후촌선생대전집(後村先生大全集)에서 엽임도라는 이름이 한 번씩 보인다.

7 '판(辦)'은 갖추다, 구비하다.

8 복생은 전한의 학자로 분서갱유 이후 실전된 상서를 복원하는 과정에서 해당 서적을 암송하여 제공한 사람이다.

9 하후승은 전한 선제(宣帝, BC91~BC48, 재위 BC74~BC48) 때 직간하다 미움을 샀다. 황패는 하후승을 탄핵하라는 명을 거부한 죄로 그와 함께 대역죄로 투옥되었다. 황패는 옥중에서 하후승에게 상서(尙書)를 가르쳐달라고 졸랐고, 하후승은 곧 죽을 텐데 무엇하러 배우느냐고 거절했다. 황패가 논어를 인용하여 '아침에 도를 들으면 저녁에 죽어도 좋다(朝聞道, 夕死可矣).'고 설득하자 감동하여 강의를 시작했다. 삼 년 후 사면을 받아 출옥했을 즈음 황패는 이미 상서 전문가가 되어있었다. 한서(漢書) 권 75의 하후승전과 권 89 황패전에 자세하다. 10:67에도 비슷한 이야기가 실려 있으니 참고하라.

14:34

或問大學.

누군가가 대학(大學)에 대하여 질문.

曰: "大概是如此. 只是更要熟讀, 熟時, 滋味自別. 且如喫果子, 生時將來喫, 也是喫這果子; 熟時將來喫, 也是喫這果子, 只是滋味別." <胡泳>.

대답: 대체로 그렇다. 다만 독해가 더 익어야 한다. 익으면 풍미가

자연히 다르다. 마치 과일을 먹는 것과 같다. 덜 익었을 때 먹어도 과일을 먹는 것이고, 잘 익었을 때 먹어도 과일을 먹는 것이다. 다만 풍미가 다를 뿐이다. <호영(胡泳)의 기록>(69세).

14:35

問賀孫: "讀大學如何?"

(선생이) 나[賀孫]에게 질문: 대학(大學) 읽는 것은 어떻게 되어가는가?

曰[1]: "稍通, 方要讀論語."

나의 대답: 조금 이해가 됩니다. 이제 논어(論語)를 읽으려 합니다.

[2]曰: "且未要讀論語. 大學稍通, 正好著心精讀. 前日讀時, 見得前未見得後面, 見得後未接得前面. 今識得大綱統體, 正好熟看. 如喫果實相似, 初只恁地硬咬嚼. 待嚼來嚼去, 得滋味, 如何便住卻! 讀此書, 功深則用博. 昔[3]和靖見伊川, 半年方得大學西銘看. 今人半年要讀多少書? 某且要人讀此, 是如何[4]? 緣此書卻不多, 而規模周備. 凡讀書, 初一項須著十分工夫了, 第二項只費得九分工夫, 第三項便只費六七分工夫. 少刻讀漸多自貫通, 他書自不著得多工夫." <賀孫>.

(선생의) 대답: 아직은 논어를 읽을 필요가 없다. 대학을 조금 이해하였다 하니 이제 마음을 써서 정밀히 독해하기 딱 좋을 때이다. 이전에 읽을 때는 앞 부분을 이해하면 뒷 부분을 이해하지 못했고, 뒷 부분을

이해하면 앞 부분과 이어지지 않았을 것이다. 이제 전체적인 골격[大綱統體]을 파악했으니 숙독(熟讀)하기 딱 좋을 때이다. 마치 과일을 먹는 것과 같다. 처음에는 억지로 씹어야 하지만 계속 씹다 보면 그 풍미를 느끼게 되니, 어찌하여 금방 씹기를 그만 두는가? 이 책은 독해에 공을 들일 수록 쓰임이 넓어진다. 예전에 윤화정(和靖)[5] 이 이천(伊川)[6]을 만나 스승으로 모시고서 반년이 지나서야 겨우 대학과 서명(西銘)[7]을 읽을 수 있었다. 요즘 사람들은 반년 동안 책을 대체 얼마나[多少][8] 많이 읽으려 하는가? 내가 사람들에게 (그렇게 다독하지 말고) 우선 이것[9]을 읽으라고 하는 이유는 무엇인가? 이 책은 분량은 많지 않지만 체계[規模]가 잘 갖추어져 있기 때문이다. 무릇 독서는 처음에는 100% 힘을 다해 읽어야 하고, 두 번째 시도 때는 90%의 힘[工夫]만 들이면 되고, 세 번째 시도 때는 그저 60~70%의 힘[工夫]만 들이면 된다. 이윽고 독서의 횟수가 점차 늘어남에 따라 저절로 꿰뚫게 될 것이니 다른 책에는(他書)[10] 자연히 많은 노력[工夫]을 들일 필요가 없다.

<하손(賀孫)의 기록>(62세 이후).

주석

1 조선고사본에서는 '왈(曰)'을 '답운(答云)'으로 적었다.

2 조선고사본에서는 이 앞에 '선생(先生)'이 더 있다.

3 조선고사본에서는 이 자리에 '윤(尹)'이 더 있다.

4 조선고사본에서는 '하(何)'를 '차(此)'로 적었다.

5 이정의 제자인 윤돈(尹焞, 1071~1142)이다.

6 이정형제 중 동생인 정이(程頤, 1033~1107)이다.

7 장재(張載, 1020~1077)의 대표작 중 하나. 이황(李滉, 1501~1570)의 성학십도(聖學十圖)의 제 2도가 이 글을 시각화한 것이다.

8 '다소(多少)'는 14:24의 주석을 보라.

9 대학(大學)을 말한다.

10 통행본과 영역판은 '관통타서(貫通他書)'를 붙여서 읽었다. 이렇게 되면 '저절로 꿰뚫는' 것의 목적어가 '다른 책'이 된다. 대학을 계속 읽으면 다른 책을 관통하게 된다는 뜻이다. 일역판과 주자학대계판은 '다른 책'을 뒤쪽에 붙여서 풀었다. 여기서는 후자를 따랐다.

14:36

諸生看大學未曉, 而輒欲看論語者, 責之曰: "公如喫飯一般, 未曾有顆粒到口, 如何又要喫這般, 喫那般! 這都是不曾好生去讀書. 某嘗謂人看文字曉不得, 只是未曾著心. 文字在眼前, 他心不曾著上面, 只是恁地略綽將過, 這心元不曾伏殺在這裏. 看他只自恁地豹跳, 不肯在這裏理會, 又自思量做別處去. 這事未了, 又要[1]尋一事做, 這如何要理會得! 今之[2]學者看文字, 且須壓這心在文字上. 逐字看了, 又逐句看; 逐句看了, 又逐段看, 未有曉不得者."

<賀孫>.

제자들 가운데 대학(大學)을 충분히 깨치지 못했는데도 바로 논어(論語)를 읽고자 하는 이가 있어 선생이 꾸짖었다: 그대가 밥을 먹는 것과 같다. 입에 아직 밥알 한 톨 들어오지 않았는데 어떻게 다시 이것도 먹고 저것도 먹으려고 하는가! 이게 다 책을 제대로[好生][3] 읽어본 적이 없기 때문이다. 내가 일전에 남들에게 말하길 문자를 보고도 이해하지 못하는 것은 단지 마음을 붙이지 못했기 때문이라고 했다. 문자가 눈앞에 있지만 거기에 마음을 붙이지 못하고 그저 이렇게 대충[略綽] 지나쳐버린다. 이 마음이 애초에 여기에 착 붙어[伏殺][4] 있지 않다.

그저 이렇게 표범처럼 날뛸 뿐 여기에 붙어서 이해하려[理會][5] 하지 않고 다시 다른 곳으로 가버릴 생각이나 한다. 이 일이 아직 끝나지 않았는데 다시 다른 일을 찾아 하려고 하니, 이렇게 해서 어떻게 이해해낼[理會] 수 있겠나? 요즘 학자들이 문자를 읽을 때는, 우선 반드시 자기 마음을 문자에 눌러 붙여야 한다. 한 글자 한 글자 따라가며 보고, 다시 한 구문씩 보고, 한 구문씩 봤으면 다시 한 단락씩 보고서도 깨치지 못한 사람은 이제껏 없었다. <하손(賀孫)의 기록>(62세 이후).

주석

1 조선고사본, 성화본, 조선정판본에서는 이 뒤에 '별(別)'이 더 있다.

2 조선고사본, 성화본, 조선정판본에서는 '지(之)'자가 없다.

3 '호생(好生)'의 호는 '잘'의 뜻, 생은 '즘생(怎生)'의 경우처럼 낱말의 뒤에 붙는 어조사이다. 현대 중국어에서도 '하오셩(好生)'은 '매우, 잘, 충분히' 등을 의미한다. 고문해의를 참조하라.

4 복살(伏殺)의 '복'은 엎드려 붙어있는 것, '살'은 단어의 뒤에 붙어 강조의 뉘앙스를 더해주는 어조사이다.

5 일역판에서는 몰두하다, 씨름하다, 맞붙다(取り組む)로 풀었다.

14:37

子淵說大學.

자연(子淵)[1]이 대학(大學)에 대해 설명했다.

曰[2]: "公看文字, 不似味道只就本子上看, 看來看去, 久之浹洽, 自應有得. 公便[3]要去上面生意, 只討頭不見. 某所成[4]章句或問之書, 已是傷多了. 當初只怕人曉不得, 故說許多. 今人看, 反曉不得. 此一書之間, 要緊只在'格物'兩字, 認得這裏看[5], 則許多說自是閑了. 初看須用這本子, 認得要害[6]處, [7]本子自無可用. 某說十句在裏面, 看得了, 只做一句說了方好. 某或問中已說多了, 卻不說到這般處. 看這一書, 又自與看語孟不同. 語孟中只一項事是一箇道理. 如孟子說仁義處, 只就仁義上說道理; 孔子答顏淵以'克己復禮', 只就'克己復禮'上說道理. 若大學, 卻只統說. 論其功用之極, 至於平天下. 然天下所以平, 卻先須治國; 國之所以治, 卻先須齊家; 家之所以齊, 卻先須修身; 身之所以修, 卻先須正心; 心之所以正, 卻先須誠意; 意之所以誠, 卻先須致知; 知之所以至, 卻先須格物. 本領全只在這兩字上. 又須知如何是格物. 許多道理, 自家從來合有, 不合有? 定是合有. 定是人人都有. 人之心便具許多道理: 見之於身, 便見身上有許多道理; 行之於家, 便是一家之中有許多道理; 施之於國, 便是一國之中有許多道理; 施之於天下, 便是天下有許多道理. '格物'兩字, 只是指箇路頭, 須是自去格那物始得. 只就紙上說千千萬萬, 不濟事." <賀孫>.

대답: 그대가 글을 읽는 것은 미도(味道)[8]가 그저 책[本子][9] 에 집중하여 읽는 것과 다르다. (미도는) 계속해서 읽고, 그렇게 오래 보아 푹 젖어들면[浹洽] 응당 자연히 얻는 것이 있다. 그대는 그저 (문자의) 표면에서만 생각하니[生意] 단서를 찾지 못하는 것이다[討頭不見].[10] 내가 쓴 대학장구[章句]나 대학혹문[或問] 같은 책들부터 이미 말이 너무 많다. 당초에는 사람들이 이해하지 못할까 염려되어 말이 많았는데 요즘 사람들은 반대로 (말이 많기 때문에) 이해하지 못한다. 이 책[11]의 핵심은 그저 격물(格物)이라는 두 글자에 있을 뿐이다. 이 부분을 이해하고

나면 그 모든 설명이 불필요해진다. 처음 읽을 때는 이 책을[本子][12] 써야 하지만 요해처[13]를 이해하고 나면 이 책[本子]은 쓸모가 없어진다. 내가 책 속에 열 구절로 설명한 것을 독자가 다 보고 나서 단 한 구절로 요약해서 말할 수 있어야 좋다. 내가 대학혹문에서 한 말이 이미 너무 많은데 이러한 부분은 미처 말하지 못했다. 이 책[這一書][14]을 읽는 것은 논어(論語)와 맹자(孟子)를 읽는 것과는 자연히 다르다. 논어(論語)와 맹자(孟子)에서는 하나의 항목이 하나의 도리이다. 예를 들어, 맹자가 인의(仁義)를 말하는 부분에서는 그저 인의의 측면에서만 도리를 설명한다. 공자(孔子)가 안연(顔淵)에게 '극기복례(克己復禮)'라고 대답한 대목[15]에서는 극기복례의 측면에서만 도리만 설명한다. 그러나 대학은 그저 체계를 전체적으로 설명한다. 그 효용의 최대치를 논하자면 천하를 평정하는 데까지 이른다. 그러나 천하가 평정되려면 먼저 나라를 다스려야 하고, 나라가 다스려지려면 먼저 집안을 다스려야 하며, 집안이 다스려지려면 먼저 몸을 닦아야 하고, 몸이 닦여지려면 먼저 마음을 바로잡아야 하며, 마음이 바로잡히려면 먼저 의지를 진실하게 해야 하고, 의지가 진실해지려면 먼저 앎을 지극히 해야 하며, 앎이 지극해지려면 먼저 사물과 사건에 나아가야 한다. 본령(本領)은 전적으로 이 두 글자[16]에 있다. 나아가 격물이 무엇인지 알아야 한다. 이 많은 도리는 자기 자신이 원래부터 당연히 가지고 있는 것인가 당연히 가지고 있지 않은 것인가? 반드시 당연히 가지고 있는 것이다. 반드시 사람마다 다 가지고 있다. 사람의 마음은 이 많은 도리를 갖추고 있다. 자기 자신을 보면[17] 자기 자신에게서 많은 도리를 볼 수 있고, 가정에서 실천해보면 한 가정 속에 많은 도리가 있으며, 나라에 베풀어보면 한 나라 안에 많은 도리가 있고, 천하에 베풀어보면 천하에 많은 도리가 있다. '격물' 두 글자는 단지 길[路頭]을 가리키고 있을 뿐이다. 자신이 직접 그 사태와 사물에 나아가 접해야만 된다. 그저 지면상에서 천 번 만 번 말하는 것만으로는 아무것도 이룰 수 없다[不濟事]. <하손(賀孫)의 기록>(62세 이후).

주석

1 성은 임(林)이요 자는 자연이다. 이름은 자세하지 않다.

2 조선고사본에서는 '왈(曰)'을 '답왈(答曰)'로 적었다.

3 조선고사본에서는 '변(便)'을 '사(使)'로 적었다.

4 조선고사본에서는 이 뒤에 '대학(大學)'이 더 있다.

5 통행본, 화각본, 만력본은 '간(看)', 조선고사본, 성화본, 조선정판본은 '착(着)'으로 적었다. 일역판의 역자는 후자가 더 낫다고 판단했다. 본서도 후자를 따라 번역했다.

6 조선고사본에서는 '해(害)'가 없다.

7 조산고사본에서는 이 자리에 '저(這)'가 더 있다.

8 본 조목의 기록자인 엽하손의 자(字)이다.

9 대학(大學) 본문을 말하는 것으로 보인다.

10 임자연의 본래 해설이 어떠했는지 알 수가 없어 판단하기 어렵다. 일역판의 경우 엽미도는 본문에 집중하는 쪽, 임자연은 기이하고 특별한 해석을 개진했을 것이라 상정했다.

11 대학(大學).

12 대학장구(大學章句)나 대학혹문(大學或問) 등을 말하는 듯하다.

13 격물(格物)을 말한다.

14 대학(大學)을 가리키는 것으로 보인다.

15 논어 12:1.

16 격물을 말한다.

17 '見之於身'은 '견지어신'으로 읽으면 자기 자신에게서 보는 것이고 '현지어

신'으로 읽으면 몸소 발현하고 구현한다는 뜻이 된다. 여기서는 전자의 뜻으로 읽었다. 일역판은 후자의 뜻으로 풀었다.

14:38

答林子淵說大學,

임자연(林子淵)[1)]이 대학(大學)을 해설한 것에 답함

曰: "聖人之書, 做一樣看不得. 有只說一箇下工夫規模, 有首尾只說道理. 如中庸之書, 劈初頭便說'天命之謂性'. 若是這般書, 全著得思量義理. 如大學, [2)]只說箇做工夫之節目, 自不消得大段思量, 纔看過, 便自曉得. 只是做工夫全在自家身心[3)]上, 卻不在文字上. 文字已不著得思量[4)]. 說窮理, 只就自家身上求之, 都無別物事. 只有箇仁義禮智, 看如何千變萬化, 也離這四箇不得. 公且自看, 日用之間如何離得這四箇. 如信者, 只是有此四者, 故謂之信. 信, 實也, 實是有此. 論其體, 則實是有仁義禮智; 論其用, 則實是有惻隱·羞惡·恭敬·是非, 更假僞不得. 試看天下豈有假做得仁, 假做得義, 假做得禮, 假做得智! 所以說信者, 以言其實有而非僞也. 更自一身推之於家, 實是有父子, 有夫婦, 有兄弟; 推之天地之間, 實是有君[5)]臣, 有朋友. 都不是待後人旋安排, 是合下元有此. 又如一身之中, 裏面有五臟六腑, 外面有耳目口鼻四肢, 這是人人都如此. 存之爲仁義禮智, 發出來爲惻隱·羞惡·恭敬·是非. 人人都有此. 以至父子兄弟夫婦朋友君臣, 亦莫不皆然. 至於物, 亦莫不然. 但其拘於形, 拘於氣而不變. 然亦就他一角子有發見處: 看他也自有父子之親; 有牝牡, 便是有夫婦; 有大小, 便是有兄弟; 就他同類中各有群衆, 便是有朋友; 亦有主腦, 便是有君臣. 只緣本來都是天地所生, 共這根蔕, 所以大率多同. 聖賢出來撫臨萬物, 各因其性而導[6]之. 如昆蟲草木, 未嘗不順其性, 如取之以時, 用之有節: 當春生時'不殀夭, 不覆巢, 不殺胎; 草木零落, 然後入山林; 獺祭魚, 然後虞人入澤梁; 豺祭獸, 然後田獵'. 所以能[7]使萬物各得其所者, 惟是先知得天地本來生生之意." <賀孫>.

대답: 성인의 책들을 다 똑같은 방식으로 읽어서는 안 된다. 어떤 책은 그저 공부[下工夫]하는[8] 체계[規模]만을 설명하고, 어떤 책은 시종일관 도리만 설명한다. 예를 들어 중용(中庸)은 시작하자마자 '천명지위성(天命之謂性)'이라고 말한다. 이런 책을 읽을 때는 전적으로 의리(義理)를 생각하는[思量] 데 집중해야 한다. 대학(大學) 같은 경우는 그저 공부(工夫)의 단계들을 말할 뿐이어서 본래 많은 생각[思量]이 필요치 않으니, 한 번 읽어보면 저절로 깨칠 수 있다. 공부(工夫)는 전적으로 자기 일신상에서 하는 것이지 문자상에서 하는 것이 아니다. (대학의) 문자는 애초에 생각을 기울일[著得思量] 것이 없다. 이치를 파고드는[窮理] 것을 말한 것도 그저 자기 자신에게서 구하라는 것이지, 그 밖에 다른 것[物事][9]은 전혀 없다. 그저 인(仁), 의(義), 예(禮), 지(智)가 있을 뿐이다. 제아무리[看如何] 천변만화(千變萬化)한대도 이 네 가지에서 벗어날 수 없다.[10] 그대 스스로 한 번 생각해 보라. 일상 속에서 어떻게 이 네 가지로부터 벗어날 수 있겠나? 신(信)같은 경우는, 이 네 가지가 (참으로) 있으므로 신(信)이라고 한 것이다.[11] 신(信)은 '참으로[實]'이다. 참으로 이 네 가지가 있다. 그 본체[體]의 측면에서 말하자면 참으로 인의예지가 있고, 그 작용[用]의 측면에서 말하자면 참으로 측은지심, 수오지심, 공경지심, 시비지심이 있으니, 결코 거짓으로 속일 수 없다.[12] 한 번 생각해 보라. 어찌 세상에 거짓으로 인을 성취하고, 거짓

으로 의를 성취하고, 거짓으로 예를 성취하고, 거짓으로 지를 성취하는 경우가 있는가?[13] 그러므로 '신(信)'이라고 말한 것은 그것이 참으로 있어서 거짓이 아님을 말하기 위함이다. 나아가 자기 자신으로부터 가정으로 미루어 보면, 참으로 부자관계가 있고, 부부관계가 있고, 형제관계가 있다. 천지간으로 미루어 보면 참으로 군신관계가 있고, 붕우관계가 있다. 그 어떤 것도 후대 사람들이 그때그때 안배(按排)해서 만든 것이 아니요, 애초에 원래부터 있었던 것들이다. 마치 사람의 몸 속에 오장육부가 있고 겉에는 이목구비와 사지가 있는 것과 같다. 이는 사람마다 누구나 이러하다. 내면에 보존하면 인의예지가 되고, 겉으로 발출(發出)하면 측은지심, 수오지심, 공경지심, 시비지심이 된다. 사람마다 누구나 이것을 가지고 있다. 부자, 형제, 부부, 붕우, 군신에 이르기까지 그렇지 않은 것이 없다. 동물[物]의 경우도 그렇지 않은 것이 없으나, 단지 (타고난) 형체[形]와 기질[氣]에 구속되어 변하지 않을 뿐이다. 그래도 역시 (인의예지가) 일부 발현(發見)된 지점에서는 그들에게도 자연히 부자간의 친애가 있음을 볼 수 있다. 암수[牝牡]가 있으니 부부관계가 있는 것이다. 대소(大小)가 있으니 형제관계가 있는 것이다. 같은 종 안에서도 각자의 무리가 있으니 붕우관계가 있는 것이다. 우두머리[主腦]도 있으니 군신관계가 있는 것이다. (사람이나 동물이나) 모두 본래 천지가 낳은 것이어서 뿌리[根蔕]를 공유하기 때문에 대동소이한 것이다. 성현들이 출현하여 만물을 어루만져 길러주며[撫臨], 각자의 본성에 맞추어 인도했다. 곤충과 초목에 대해서도 그것들의 본성을 따르지 않은 적이 없다. 예컨대 '시기를 보아가며 취하고 사용하는 데 절도가 있다.'[14]라거나, 봄이 되어 생명이 시작될 시기에 '어린 개체를 죽이지 않고, 둥지를 뒤엎지 않으며, 새끼를 밴 것을 죽이지 않으며, 초목이 시들어 잎이 떨어진 후에야 산림에 들어가며, 수달이 물고기를 제사지낸 후에야 관리인이 연못(澤梁)

에 들어가며,[15] 승냥이가 사냥한 짐승을 제사지낸 후에야 사냥.'[16]했다. (성현이) 만물이 각자 본래의 자리를 얻도록 해줄 수 있었던 까닭은 오직 천지 본래의 무한히 낳고 낳으려는(生生) 의지를 앞서 깨달았기 때문이다. <하손(賀孫)의 기록>(62세 이후).

주석

1 14:37의 주석을 참조하라.

2 조선고사본에서는 이 자리에 '차(且)'가 더 있다.

3 하서린이 처음으로 '기(己)'를 '심(心)'으로 교감했고 통행본이 이를 수용했다. 현재 활용 가능한 다른 모든 판본에서는 '심(心)'을 '기(己)'로 썼다. 여기서는 하서린의 교감을 따르지 않고 '기(己)'로 번역하였다.

4 조선고사본에서는 '사량(思量)'을 '의사(意思)'로 적었다.

5 조선고사본과 조선정판본에서는 이 자리에 '유(有)'가 더 있다.

6 일역판의 교감주에서는 조선고사본에서 '도(導)'를 '도(道)'로 적었다고 하고 있지만 사실과 다르다. 조선고사본에서도 '도(導)'라고 적었다.

7 조선고사본에서는 이 '능(能)'자가 없다.

8 이 단어의 번역에 관해서는 14:1을 참조하라.

9 '자기 일신상[自家身上]'이 아닌 다른 모든 것을 말한다.

10 '간(看)'은 뒤에 의문사를 동반할 경우 양보절(讓步節)을 이끄는 말이 된다. '비록', '아무리', '그 어떤'과 같이 번역하면 좋다.

11 유교의 핵심 덕목은 '인의예지' 네 가지를 거론할 때가 있고 '인의예지신' 다섯 가지를 거론할 때가 있다. 이 두 버전 사이의 차이를 설명하기 위해 주희는 '신'의 지위를 나머지 넷과 다르게 해석한다. '신'은 일단 믿음인데, 어떤 것이 믿음직하다는 것은 그것이 거짓 없이 진실되며, 불순물 없이 순수하다는 말과 같다. 그러므로 '신'은 인의예지가 진실로/참으로 있음을 말한다.

12 본체[體]와 작용[用]은 주희 고유의 것은 아니지만 그가 매우 자주 사용하는

개념쌍이다. 이 개념쌍에 익숙하지 않은 독자는 고등학교 때 배웠던 '체언'과 '용언'이라는 문법용어를 되짚어보면 좋다. 나, 너, 소, 말 등 정지된 형태로 구체적인 이미지를 그려볼 수 있는 물체들을 지시하는 말이 체언이다. 그렇게 그려낸 물체의 작동을 서술하는 서술부에 넣을 만한 말들이 용언이다. 예를 들어 '자전거가 움직인다'라는 문장이 있으면 '자전거'가 체, '움직인다'가 용이다. 1:12에서는 다음과 같이 설명한다. '가령 귀가 본체라면 들음(hearing)은 작용이다. 눈이 본체라면 봄(seeing)은 작용이다(假如耳便是體, 聽便是用; 目是體, 見是用)'. 5:65도 참조할 만하다.

13 물론 주희가 위선의 가능성을 부정하는 것은 아니다. 행위의 수준에서의 위선이야 가능하지만 내면에서의 인(仁)의 성취 여부는 가장할 수 없다. 득인(得仁)했으면 득인(得仁)한 것이지 거기에 가짜로 득인하거나 3푼만 득인하거나 하는 따위는 불가능하다는 것이다.

14 맹자 7A:45에 대한 주희의 주석에서 보이는데, 이쪽에서는 '취지유시(取之有時)'라고 썼다. 원출전은 신서(新書) 권 6, 예(禮). '취지유시, 용지유절(取之有時, 用之有節)'

15 '택량(澤梁)'은 물고기를 잡기 위해 돌을 쌓아 만든 못이다. 예기(禮記) 왕제(王制)편을 보면 수달이 물고기를 잡은 뒤 돌 위에 널어놓는 행위를 음식을 진설하여 제사지내는 것이라고 해석하고 있다.

16 예기(禮記) 왕제(王制). '수달이 잡은 물고기를 제사 지내듯 늘어놓은 후에야 우인(虞人)이 택량에 들어가고, 승냥이가 사냥한 짐승을 제사 지내듯 늘어놓은 후에야 사냥을 시작했다. 비둘기가 변하여 매가 된 뒤에야 크고 작은 그물을 쳤다. 초목의 잎이 시들어 떨어진 뒤에야 (벌목을 위해) 산림에 들어갔다. 곤충이 아직 동면하지 않았을 때에는 들에 불을 놓아 사냥하지 않았고, 어린 새끼 사슴이나 새의 알을 거두지 않았다. 새끼를 밴 짐승이나 어린 개체를 죽이지 않았으며, 새의 둥지를 뒤엎지 않았다.(獺祭魚, 然後虞人入澤梁. 豺祭獸, 然後田獵. 鳩化為鷹, 然後設罻羅. 草木零落, 然後入山林. 昆蟲未蟄, 不以火田, 不麛, 不卵, 不殺胎, 不殀夭, 不覆巢.)'

14:39

問大學.

대학(大學)에 관한 질문.

曰: "看聖賢說話, 所謂'坦然若大路然.' [1]緣後來人說得崎嶇, 所以聖賢意思難見." <賀孫>.

대답: 성현의 말씀을 보면, 이른바 '큰길처럼 평탄하다'. 후대 사람들이 그것을 구불구불하고 울퉁불퉁하게[崎嶇][2] 설명했기 때문에 성현의 (본래) 뜻을 이해하기 어렵게 되었다. <하손(賀孫)의 기록>(62세 이후).

주석

1 조선고사본에서는 이 자리에 '지(止)'가 더 있다. 더 긴 인용문을 후략했다는 표시일 수도 있고, '지(只)'자를 잘못 쓴 것일 수도 있다.

2 일역판에서 '기구(崎嶇)'를 '어렵게'라고 풀이한 것도 잘못된 것은 아니다. 다만 앞에서 성현의 말이나 후대인의 말이나 모두 도로의 상태에 비유하고 있음을 번역에서도 살려주는 편이 더 좋다고 본다.

14:40

聖賢形之於言, 所以發其意. 後人多因言而失其意, 又因注解而失其主. 凡觀書, 且先求其意, 有不可曉, 然後以注通之. 如看大學, 先看前後經亦自分明, 然後看傳. <可學>.

성현은 자신의 뜻을 드러내기 위해 말로 표현했다. (그러나) 후대 사람들은 그 말에 집착하여 그 뜻을 잃어버리고, 다시 주석에 집착하여 그 주지[主]를[1] 잃어버렸다. 책을 읽을 때는 먼저 그 뜻을 구해 보고, 이해할 수 없는 부분이 생긴 뒤에야 주석을 활용하여 뜻이 통하게 하라. 예를 들어 대학(大學)을 읽을 때는 먼저 경(經)을 읽어 그 자체로 분명해진 다음에 전(傳)을 읽어야 한다. <가학(可學)의 기록>(62세).

주석

1 '주(主)'를 경서의 주지(主旨)로 해석한 것은 영역판에서 'tenets'라고 번역한 것을 따른 것이다.

14:41

大學諸傳, 有解經處, 有只引經傳贊揚處. 其意只是提起一事, 使人讀著常惺惺地. <道夫>.

대학(大學)의 여러 전(傳)에는 경(經)을 해석하는 부분도 있고 그저 다른 경전의 내용을 끌어다 (대학 경문의 내용을) 찬양하기만 하는 부분도 있다. 그 의도는 단지 하나의 (구체적) 사안을 제시하여 사람들로 하여금 늘 생생하게 독해하도록 하려는 것뿐이다.[1]

<도부(道夫)의 기록>(60세 이후).

주석

1 이 부분은 다소간 의역이 필요하다. '상성성(常惺惺)'은 이정의 제자 사량좌(謝良佐, 1050~1103)가 '경(敬)' 공부를 해설할 때 사용했던 표현으로 늘 또랑

또랑하게 깨어있는 마음상태를 말한다. 여기서는 이러한 맥락과 무관하게 텍스트가 던지는 메시지를 생생하게 이해하는 모습을 형용한 듯하다. 일역판의 경우는 텍스트가 제시하는 구체적인 정황들 덕분에 독자가 머리 속에서 또렷한 이미지를 떠올려가며 독해한다는 식으로 번역하였다. 예컨대 전제 2장에서 탕(湯)의 반명(盤銘)의 문구를 인용한 것은 신민(新民)이라는 강령을 독자들이 생생하게 이해할 수 있게 도와준다.

14:42

伊川舊日教人先看大學, 那時未有解說, 想也看得鶻突. 而今看[1] 注解, 覺大段分曉了, 只在子細去看. <賀孫>.

과거에 이천(伊川)[2]이 제자들에게 우선적으로 대학(大學)을 읽도록 지시했을 때에는 주석서가 없었으니 아마도 독해가 애매[鶻突]했을지 싶다. 이제는 주해[3]가 있으니 매우 분명해졌다고 느낀다. 그저 자세히 읽느냐에 달려있을 뿐이다. <하손(賀孫)의 기록>(62세 이후).

주석

1 조선고사본, 성화본, 조선정판본에서는 '간(看)'을 '유(有)'로 적었다. 이쪽을 따라 번역했다.

2 이정형제 중 동생인 정이(程頤, 1033~1107).

3 맥락상 자신이 저술한 대학장구와 대학혹문을 말하는 듯하다. 정이가 살던 시대에도 대학의 고주(古註)는 있었기 때문이다.

14:43

"看大學, 且逐章理會. 須先讀本文, 念得, 次將章句來解[1]本文, 又將或問來參章句. 須逐一令記得, 反覆尋究, 待他浹洽. 旣逐段曉得, [2]將來統看溫尋過, 這方始是. 須是靠他這心, 若一向靠寫底, 如何得."

대학(大學)을 읽을 때는 우선 각 장을 순서대로 이해해야 한다. 먼저 본문을 소리내어 암송[念得][3]한 다음, 장구(章句)를 가지고 본문을 해석하고, 다시 혹문(或問)을 가지고 장구를 보충해야 한다. 단계별로 차례차례 암기하고 반복 탐구하여 (이해한 내용이 자신에게) 젖어들게[浹洽] 해야 한다. 단계별로 이해한 후에는 전체를 종합하여 보고[統看] 오래 익혀야[溫尋]만 한다. 자신의 이 마음에 의지해야 한다. 전적으로 적힌 것에만 의존한다면 어떻게 (이 공부를) 해낼 수 있겠나?[4]

又曰: "只要熟, 不要貪多[5]." <道夫>.

다시 말함: 그저 익숙해지려고 해야할 뿐, 많이 읽으려고 하지 말아야 한다. <도부(道夫)의 기록>(60세 이후).

주석

1 성화본은 '해(解)'자가 없다.

2 조선고사본에서는 이 자리에 '각(却)'이 더 있다.

3 '념'은 오늘날 우리가 '염불한다'고 할 때의 '염'과 같다. 입으로 소리 내어 읽는다는 뜻이다.

4 '득(得)'은 어떤 행위를 성공적으로 수행해 냄을 의미한다.

5 조선고사본, 만력본, 화각본에서는 '탐다(貪多)'를 '다탐(多貪)'으로 적었다. '탐다'쪽이 더 적합하다.

14:44

聖人不令人懸空窮理, 須要格物者, 是要人就那上見得道理破, 便實. 只如大學一書, 有正經, 有注[1]解, 有或問. 看來看去, 不用或問, 只看注解便了; 久之, 又只看正經便了; 又久之, 自有一部大學在我胸中, 而正經亦不用矣. 然不用某許多工夫, 亦看某底不出; 不用聖賢許多工夫, 亦看聖賢底不出. <大雅>.

성인이 사람들에게 허공에 매달려 이치를 탐구하라고[懸空窮理] 하지 않고 반드시 격물(格物)하게 한 것은 사람들이 실제 사건과 사물에 나아가 도리를 간파하도록 한 것이니, (이렇게 해야만) 참된[實] (앎이) 된다. 예를 들어 대학(大學) 한 권에 본문[正經], 주석[2], 그리고 혹문(或問)이 있다. 계속 읽다 보면 (어느 순간) 혹문은 필요치 않고 그저 주해만 보면 된다. 시간이 더 지나면 이제 그저 본문만 보면 된다. 그리고 시간이 더 지나면, 자기 마음속에 대학(大學) 한 권이 자리 잡아 본문도 필요 없게 된다. 그러나 내가 (장구와 혹문에서) 말한 여러 공부(工夫)를 직접 해보지 않으면 내가 말한 것들을 이해할 수 없고, 성현이 (대학 본문에서) 말한 여러 공부를 직접 해보지 않으면 성현이 말한 것들을 이해할 수 없다.[3] <대아(大雅)의 기록>(49세 이후).

주석

1 성화본, 만력본, 화각본, 조선정판본에는 '주(注)'가 없다.

2 대학장구(大學章句)를 말한다.

3 격물과 같은 공부를 직접 해 보아야 한다는 말이다.

14:45

或問: "大學解已定否?"

누군가의 질문: 대학(大學)의 주해는 이미 (원고를) 확정[定]하셨습니까?

曰: "據某而今自謂穩矣. 只恐數年[1]後又見不穩, 這箇不由自家."

대답: 내가 보기에 지금으로서는 온당하게 되었다고 할 수 있다. 그러나 몇 년 후에는 다시 온당치 못해 보일 듯하다. 이는 내 탓이 아니다.[2]

問中庸解.

중용(中庸)의 주해에 관한 질문.

曰: "此書難看. 大學本文未詳者, 某於或[3]問則詳之. 此書在章句, 其或[4]問中皆是辨諸家說理[5]未必是. 有疑處, 皆以'蓋'言之." <淳>.

대답: 이 책은 읽기 어렵다. 대학의 본문에서 자세하지 않은 부분은 내가 혹문(或問)에서 자세히 설명해 두었다. 이 책[6]은 중용장구에서 그렇게 해 두었다. 중용혹문에 담은 것은 모두 여러 학자들의 학설이

꼭 옳지는 않다고 논변한 것이다. 의심스러운 부분은 모두 '아마도[蓋]~'로 시작하는 설명을 붙였다. <순(淳)의 기록>(61세 혹은 70세).

주석

1 조선고사본에서는 이 뒤에 '시(時)'가 더 있다.

2 일역판에서는 마지막 문장을 "이는 지금의 나로서는 어쩔 수 없는 일이다."라고 번역했다.

3 조선고사본에서는 '혹(或)'을 '답(答)'으로 적었다.

4 조선고사본에서는 '혹(或)'을 '답(答)'으로 적었다.

5 조선고사본, 성화본, 조선정판본에서는 '리(理)'를 '공(恐)'으로 적었다. 어느쪽으로 해석해도 그럭저럭 말은 통하지만 아무래도 '공'쪽이 조금 더 말이 순하다. 여기서도 '공'으로 해석하였다.

6 중용(中庸)을 말한다.

14:46

大學章句次第[1]得皆明白易曉, 不必或問. 但致知·格物與誠意較難理會, 不得不明辨之耳. <人傑>.

대학장구(大學章句)는 순서가 모두 명백하여 이해하기 쉬우니 혹문(或問)이 꼭 필요하지는 않았다. 다만 치지(致知)와 격물(格物)과 성의(誠意)는 비교적 헤아리기[理會] 어려운 부분이므로 명확하게 변석하지 않을 수 없었을 뿐이다. <인걸(人傑)의 기록>(51세 이후).

주석

1 조선고사본, 성화본, 조선정판본에서는 '제(第)'를 '서(序)로 적었다.

14:47

子淵問大學或問.

자연(子淵)[1]이 대학혹문(或問)에 관하여 질문.

[2]曰: "且從頭逐句理會, 到不通處, 卻看章句. 或問乃注脚之注脚, 亦不必深理會." <賀孫>.

대답: 우선 처음부터 한 구문씩 차근차근 살피되[理會][3] 이해되지 않는 부분에 이르렀을 때는 장구(章句)를 보라. 혹문(或問)은 각주의 각주일 뿐이니 역시 깊이 살필 필요는 없다. <하손(賀孫)의 기록>(62세 이후).

주석

1 14:37과 38에서 보인다. 인적사항은 자세하지 않다.

2 조선고사본에서는 이 자리에 '답(答)'이 더 있다.

3 14:2와 24의 주석을 참조하라.

14:48

"學者且去熟讀大學正文了, 又子細看章句. 或問未要看, 俟有疑處, 方可去看."

배우는 이는 우선 대학(大學)의 본문을 숙독하고 그 다음에 장구(章句)를 자세히 보아야 한다. 혹문(或問)은 반드시 볼 필요는 없고, 의문이 생기면 그 때 볼 만하다.

又曰: "某解書不合太多. 又[1]先准備學者, 爲他設疑說了. 他未曾疑到這上, 先與說了, 所以致得學者看得容易了. 聖人云: '不憤不啓, 不悱不發. 擧一隅不以三隅反, 則不復也.' 須是敎他疑三朝五日了, 方始與說, 他[2]便通透. 更與從前所疑慮, 也會因此觸發, 工夫都在許多思慮不透處. 而今卻是看見成解底, 都無疑了. 吾儒與老莊學皆無傳, 惟有釋氏常有人. 蓋他一切辨得不說, 都待別人自去敲磕[3], 自有箇通透處. 只是吾儒又無這不說底, 若如此, 少間差異了."

다시 말함: 내가 책을 주해할 때 너무 많이 설명해서는 안 됐다. 또, 배우는 이들을 미리 상정하여[准備][4] 그들을 위해 의문점들을 설정한 뒤 설명했다. 그들이 아직 의문을 가진 적도 없는 것을 선제적으로 설명해 준 것은 배우는 이들이 쉽게 이해할 수 있게 하려는 것이었다. 성인(聖人)은 '분발하지 않으면 열어주지 않고, 답답해하지 않으면 말해주지 않는다. 한 귀퉁이를 들어주었는데 나머지 세 귀퉁이를 가지고 돌아오지 않으면 다시 설명해주지 않는다'고 했다.[5] 반드시 상대방이 3~5일 동안 의문을 품도록 내버려 두었다가 그제서야 설명해주어야만 그들이 투철하게 이해하게[通透] 된다. 나아가 이전에 의문을 품었던 것들까지도 이로 인해 생각이 촉발될 수 있다. (이렇게) 공부(工夫)는 모두 생각이 투철하지 못한 지점에서 해야 하는데, 지금은

오히려 기성의 해석을 보고서는 전혀 의문이 없게 된다. 우리 유자들과 노장(老莊)의 학(學)은 모두 (적절한) 전승자가 없었는데[6] 유독 석씨(釋氏)는 항상 전승의 적임자가 있었다. 대개 그들은 일체 말해주지 않고 있으면서 다른 사람이 스스로 두드려보고 모색하다가 자연스레 투철하게 이해하게 되기를 기다리기 때문이다. 우리 유학은 저렇게 말해주지 않고 있는 것이 없다. 만약 저렇게 (불교처럼) 해버리면 금세 (진리의 전승이) 어긋나게[差異] 된다.

又曰: "解文字, 下字最難. 某解書所以未定, 常常更改者, 只爲無那恰好底字子[7]. 把來看, 又見不穩當, 又著改幾字. 所以橫渠說命辭爲難." <賀孫>.

다시 말함: 문자를 해석할 때, 적절한 글자를 고르는 것이 가장 어렵다. 내가 책을 주해할 때 (원고를) 확정하지 못하고 늘 다시 개정하는 이유도 그저 딱 맞는 글자를 찾지 못해서일 뿐이다. (전에 썼던 것을) 가져와 다시 보면 또 온당치 못하게 보여서 다시 몇 글자를 바꾸게 된다. 그래서 횡거(橫渠)[8]가 '표현[辭]을 규정하는[命] 것이 어렵다'고 했다.[9] <하손(賀孫)의 기록>(62세 이후).

주석

1 일역판의 교감기에서는 조선고사본에서 이 글자를 '문(文)'으로 적었다고 하였으나 사실과 다르다.

2 통행본에서는 '타(他)'의 뒤에서 구두를 끊었으나 본서에서는 주자어류휘교의 구두점을 따라 지금과 같이 바꾸었다.

3 개(磕)는 조선고사본, 성화본, 조선정판본에서는 '갑(搕)', 만력본, 화각본, 여본에서는 '합(榼)'으로 적었다. 개와 갑은 모두 때린다는 뜻이 있으니 어

느쪽으로 써도 무방하나 합에는 그런 뜻이 없으므로 적절치 않다.

4 직역하면 '배우는 이들을 미리 준비했다'인데 일역판과 영역판에서는 이러한 사람들을 미리 머리 속으로 상정하였다는 뜻으로 의역하였다.

5 논어 7:8.

6 예컨대, 주희는 맹자(孟子) 이래로 북송(北宋)의 주돈이(周敦頤, 1017~1073)에 이르기까지 유학의 전승이 단절되었다고 생각했다.

7 유일하게 조선정판본에서만 '자(子)'를 '재(纔)'로 적었다. 정판본의 교감기를 보면 편집자 홍계희는 다른 판본에서 '자(子)'로 쓰고 있음을 알고 있었지만, 지금으로서는 알 수 없는 다른 판본을 따랐거나 혹은 자체적으로 교감한 듯하다. 고문해의에서는 이 판단을 옹호하며 말하길, 본래 '재(才)'였던 것이 전사과정의 착오로 '자(子)'가 된 뒤에 굳어졌을 것이라고 추측했다. '재'라고 한다면 '…하자마자'가 된다. '자'일 경우 '의자(倚子)', '탁자(卓子)', '단자(單子)'의 경우처럼 다른 글자 뒤에 으레 붙는 어조사가 된다. 139:127에서도 '자자(字子)'라는 표현을 사용하고 있다. 본서에서는 통행본을 따라 '자(子)'로 해석했다.

8 북송(北宋)의 장재(張載, 1020~1077).

9 장자전서(張子全書) 권7, 경학리굴(經學理窟) 학대원하(學大原下). '표현을 규정하는 것이 어려운 것은 그저 도의(道義)가 형체 없는 일이기 때문이다.(所以難命辭者, 只為道義是無形體之事)'

14:49

某作或問, 恐人有疑, 所以設此, 要他通曉. 而今學者未有疑, 卻反被這箇生出疑! <賀孫>.

내가 혹문(或問)을 지은 것은 사람들이 의문이 있을 것으로 생각해서였다. 그래서 (선제적으로) 의문을 설정하여 그들이 깨끗이 이해하도록 했다. 그런데 요즘 배우는 이들은 (본문을 보고) 의문을 가지기도 전에 오히려 이것[1] 때문에 의문을 가지는 구나.

<하손(賀孫)의 기록>(62세 이후).

주석

1 대학혹문(大學或問).

14:50

或問朱敬之: "有異聞乎?"

누군가가 주경지(朱敬之)[1]에게 '특별히 들은 것이 있는가?'라고 물었다.[2]

曰: "平常只是在外面聽朋友問答, 或時裏面亦只說某病痛處得. 一日, 教看大學, 曰: '我平生精力盡在此書. 先須通此, 方可讀[3]書.' "<賀孫>.

대답: 평소에 그저 밖에서 친구분들과 묻고 답하시는 것을 듣고, 가끔 집안에서도 그저 저(주경지)의 병통처에 대해 말씀해 주실 뿐입니다. 하루는 대학(大學)을 보라 하시고는 말씀하시길 '나의 평생 정력은 이 책에 다 쏟았다. 먼저 이것을 통달해야만 비로소 (다른 책을) 읽을 수 있다.'[4]고 하셨습니다. <하손(賀孫)의 기록>(62세 이후).

주석

1 주희의 삼남인 주재(朱在, 1169~1239).

2 혈연관계가 없는 제자들이 선생의 친자식은 무언가 특별한 가르침을 받지 않았을까 생각하여 묻는 것이다. 물론 거의 모든 경우 특별한 가르침은 없었다고 대답한다. 이러한 테마의 문답은 논어 16:13이 그 원형이다.

3 조선고사본에서는 이 자리에 '타(他)'가 더 있다. 의미가 더 잘 통하므로 이쪽에 맞추어 해석했다.

4 북송(北宋)의 사마광(司馬光, 1019~1086)의 발언을 패러디한 것이다. 14:51을 보라.

14:51

某於大學用工甚多. 溫公作通鑑, 言: "臣平生精力, 盡在此書." 某於大學亦然. 論孟中庸, 卻不費力. <友仁>.

나는 대학(大學)에 매우 깊이 공을 들였다. 온공(溫公)[1] 이 통감(通鑑)을 편찬하고서 '신의 평생의 정력을 이 책에 다 쏟았습니다'[2]라고 말했듯이, 나도 대학에 대하여 그러했다. 논어(論語), 맹자(孟子), 중용(中庸)은 그렇게 힘을 들이지 않았다. <우인(友仁)의 기록>(69세).

주석

1 사마광(司馬光).

2 자치통감(資治通鑒) 진서표(進書表). '신의 정력은 이 책에 다 쏟았습니다.(臣之精力, 盡於此書)'

14:52

大學一日只看二三段時, 便有許多修處. 若一向看去, 便少. 不是少, 只是看得草草.

대학(大學)을 매일 두세 단락씩만 읽어도 갈고 닦이는 지점이 매우 많다.[1] 계속해서 읽으면 (그런 지점이) 적어진다. 적어지는 것이 아니라 그저 홀홀[草草][2] 읽게 된다.

주석

1 갈려나가는 사의(私意)와 사욕(私欲)이 많다는 뜻이다.

2 초초(草草)는 대략적으로, 간략하게 하는 모양이다. 사휘연구 p.412를 보라.

14:53

某解注書, 不引後面說來證前說, 卻引前說去證後說. 蓋學者方看此, 有未曉處, 又引他處, 只見難曉. 大學都是如此. <僩>.

나는 (경서를) 주해할 적에 뒷부분의 말을 끌어와서 앞부분의 말을 입증하지 않고, 반대로 앞부분의 말을 끌어와서 뒷부분을 입증한다. 이는 배우는 이가 막 읽다가 이해되지 않는 부분이 나왔는데 다시 (아직 읽지 않은 뒤쪽의) 다른 부분을 인용해버리면 이해하기 어렵기 때문이다. 대학(大學)(의 주해작업)은 모두 이렇게 했다.

<한(僩)의 기록>(69세 이후).

14:54

說大學啓蒙畢, 因言: "某一生只看得這兩件文字透, 見得前賢所未到處. 若使天假之年, 庶幾將許多書逐件看得恁地, 煞有工夫."

<賀孫>.

대학(大學)과 역학계몽(啓蒙)에 대한 설명을 마치고 이어서 말함: 나는 일생 그저 이 두 편의 글[1)]을 철저히 보아서 전현(前賢)이 도달하지 못한 지점을 볼 수 있었다. 만약 하늘이 나에게 시간을 조금 더 허락해 준다면,[2)] 많은 책을 하나하나 이렇게 읽어가며 한껏 공부(工夫)할 수 있을 것이다. <하손(賀孫)의 기록>(62세 이후).

주석

1 대학(大學)과 주역(周易).

2 논어 7:16

序 서문

대학장구(大學章句)의 서문에 관한 문답을 모아두었다.

14:55

亞夫問: “大學序云: ‘旣與之以仁義禮智之性, 又有氣質之稟.’ 所謂氣質, 便是剛柔 · 强弱 · 明快 · 遲鈍等否?”

아부(亞夫)[1]의 질문: 대학장구의 서(序)에서 ‘인의예지(仁義禮智)의 본성을 준 것에 더하여 다시 기질(氣質)을 부여했다’고 했습니다. 이른바 기질이란 바로 강유(剛柔), 강약(强弱), 명쾌(明快), 지둔(遲鈍) 등을 말하는 것입니까?

曰: “然.”

대답: 그렇다.

又云: “氣, 是那初稟底; 質, 是成這模樣了底. 如金之礦, 木之萌芽相似.”

다시 말함: 기(氣)는 최초에 받은 것, 질(質)은 모양새를 이룬 것이다. 금(金)과 철광석의 관계, 목(木)과 싹의 관계와 같다.[2]

又云: “只是一箇陰陽五行之氣, 滾[3]在天地中, 精英者爲人, 渣滓者爲物; 精英之中又精英者, 爲聖, 爲賢; 精英之中渣[4]滓者, 爲愚, 爲不肖.” <恪>.

다시 말함: 음양오행(陰陽五行)의 기가 천지 가운데 뒤섞여 그 정수[精英]는 사람이 되고 찌꺼기[渣滓]는 사물이 된다. 정수 중의 정수는 성인[聖]과 현인[賢]이 되고, 정수 중의 찌꺼기는 어리석고 불초한 자가 된다.

<각(恪)의 기록>(64세).

주석

1 주희의 제자 난연(暖淵).

2 오행의 기(氣)인 금기와 목기가 모양새를 이루어 철광석과 싹이 된 것이다.

3 성화본과 조선정판본에서는 '곤(滾)'을 '곤(袞)'으로 썼다. 14:21쪽 교감주와 상황이 비슷하다. 차이점은 14:55의 경우 해당하는 조목이 조선고사본에 없고, 만력본에서는 통행본과 같이 '곤(滾)'으로 쓰고 있다는 것 정도이다.

4 성화본과 조선정판본에서는 '사(渣)'를 '사(査)'로 적었다.

14:56

問: "'一有聰明睿智能盡其性者, 則天必命之以爲億兆之君師', 何處見得天命處?"

누군가의 질문: '총명예지(聰明睿智)를 가진 자가 자신의 본성을 완전히 실현하면 하늘은 반드시 그를 억조(億兆) 백성의 군사(君師)로 명한다'[1] 고 했습니다. 하늘의 명[天命]이 있는 곳을 어디서 볼 수 있습니까?

曰: "此也如何知得. 只是才生得一箇恁地底人, 定是爲億兆之君師, 便是天命之也. 他旣有許多氣魄才德, 決不但已, 必統御億兆之衆, 人亦自是歸他. 如三代已前聖人都是如此. 及至孔子, 方不然. 然雖不爲帝王, 也閑他不得, 也做出許多事來, 以敎天下後世, 是亦天命也." <僩>.

대답: 이것을 어찌 알 수 있겠나? 단지 이러이러한 사람이 태어나기만 하면 그는 반드시 억조 백성의 군사가 되니, 바로 하늘이 그에게 명한 것이다. 그는 그렇게 많은 기백(氣魄)과 재덕(才德)을 가지고서 결

코 그정도에 (만족하고) 그치지 않아서[決不但已] 반드시 억조의 백성을 통솔하게 되고 사람들도 자연히 그에게 귀부하게 된다. 삼대(三代) 이전의 성인들의 경우는 모두 이와 같았는데, 공자에 이르러서 비로소 그렇지 않게 되었다. 비록 제왕이 되지는 못했지만 그렇다고 그를 내버려 둘 수도 없었다.[2] 그 역시 많은 일을 하여 천하 후세에 가르침을 남겼으니 이 또한 천명(天命)이다. <한(僩)의 기록>(69세 이후).

주석

1 대학장구(大學章句) 서(序).

2 대학장구상설(2019) 권1, p. 15에서는 한(閑)을 '막다'로 보아 '또한 그를 막지 못했고'라고 풀었다.

14:57

問: "'天必命之以爲億兆之君師', 天如何命之?"[1]

(나의) 질문: '하늘은 반드시 그를 억조(億兆) 백성의 군사(君師)로 명한다'[2]고 했습니다. 하늘은 어떻게 명령합니까?

曰: "只人心歸之, 便是命."

대답: 그저 사람들의 마음이 그에게로 돌아가는 것이 곧 명령이다.

問: "孔子如何不得命?"

질문: 공자(孔子)는 어째서 명을 받지 못했습니까?

曰: "中庸云: '大德必得其位', 孔子卻不得. 氣數之差至此極, 故不能反[3)]." <可學>.

대답: 중용(中庸)에서 '대덕(大德)은 반드시 그 지위를 얻는다'[4)]고 했지만, 공자는 오히려 얻지 못했다. 기수(氣數)의[5)] 차질이[6)] 이렇게 극에 달해 돌이킬 수 없었다. <가학(可學)의 기록>(62세).

주석

1 이 질문은 조선고사본에서 더 자세히 기록하고 있다. '밤에 (아들인) 경지에게 대학(장구)의 서문을 (소리내어) 읽게 하셨다. "총명예지(聰明睿智)를 가지고 자신의 본성을 완전히 실현한 이가 출현하면 하늘은 반드시 그를 억조(億兆) 백성의 군사(君師)로 명한다"는 대목에 이르러 내가 물었다. "하늘은 어떻게 명령합니까?"(夜令敬之讀大學序, 至一有聰明睿智能盡其性者出於其間, 則天必命之以爲億兆之君師 某問: 天如何命之?)'

2 대학장구(大學章句) 서(序).

3 조선고사본에서는 '반(反)'을 '급(及)'으로 썼다.

4 중용 제 17장.

5 세계가 작동하는 법칙 가운데 숫자화할 수 있는 것이 기수(氣數)이다. 천구가 1일 1회 회전하고 달의 운동은 28일이 1주기이고 계절의 수는 4이고 성질에 따른 기의 분류는 2(음/양)와 5(수/화/목/금/토)인 것 등이다. 1:45를 참조하라. 수(數) 개념에 대해서는 주광호(2020)의 제 3장부터 5장까지의 분석이 자세하니 참조하라.

6 세계가 하나의 앱이라고 치면 그 앱이 꼭 짜여진 코드대로 움직이는 것은 아니다. 공자처럼 총명예지를 가진 이라면 억조 백성의 군사가 되는 것이 맞지만 이 세계에 잡히지 않는 버그가 너무 많아졌기 때문에 공자는 왕이 되지 못했다는 말이다.

14:58

問"繼天立極."

'하늘을 계승하여 표준을 세운다[繼天立極]'에[1] 관한 질문.

曰: "天只生得許多人物, 與你許多道理. 然天卻自做不得, 所以生[2]得聖人爲之修道立教, 以教化百姓, 所謂'裁成天地之道, 輔相天地之宜'是也. 蓋天做不得底, 卻須聖人爲他做也." <僩>.

대답: 하늘은 수많은 사람과 사물을 낳고 그들에게 수많은 도리를 부여한다. 그러나 하늘도 스스로 해내지 못하기 때문에 성인을 낳아 도를 닦아 가르침을 세워[修道立教][3] 백성을 교화하게 하니, 이른바 '천지의 도를 재단[裁成]하고, 천지의 마땅함을 보조한다'[4]는 것이다. 대개 하늘이 할 수 없는 것들을 성인이 하늘을 대신해서 해야 하기 때문이다. <한(僩)의 기록>(69세 이후).

주석

1 대학장구(大學章句) 서문에 나오는 표현이다. 왕위에 오른 사람은 천명을 받아 하늘이 해야 할 업무를 지상에서 대리하는 자이므로 '하늘을 계승했다'라고 표현했다. '극(極)'은 가장 높은 지점이다. 가장 높이 있으므로 사방에서 누구나 볼 수 있다. 누구나 보고 참조하므로 모두의 표준, 모범이 된다. 그래서 서경(書經) 홍범(洪範)편에서 임금이 왕위에 올라 하는 일을 두고 '임금이 표준을 세운다(皇建其有極)'고 하였다. 입극(立極)은 건극(建極)을 글자만 바꿔서 쓴 것으로, 결국 임금의 자리에 올랐음을 함의한다.

2 '생(生)'은 만력본과 화각본에서는 '립(立)', 조선고사본, 성화본, 조선정판본에서는 '필(必)'로 썼다. 하서린이 '생(生)'으로 교감했고 통행본이 그대로 따라서 지금과 같이 되었다. 어느쪽을 따라도 대의에 큰 차이는 없으나 통

행본의 문세가 가장 자연스럽다고 보아 그쪽을 따라 번역했다.

3 중용 제 1장의 '도를 닦는 것을 일러 가르침이라 한다(修道之謂教)'를 축약한 표현이다. 중용의 맥락에서 도(道)는 누구나 일상 속에서 걸어가야 할 길인데, 이 길은 거슬러 올라가면 사람의 천연의 본성에 기반하고 있다. 그런데 사람들은 기질적 차이가 있어서 '본성에 기반한 길'이라고 하더라도 불가피하게 약간의 편차가 있다. 성인이 이러한 점을 고려하여 '길'에 등급과 제한을 걸어 사회적 규범으로 성립시킨 것이 '가르침[教]'이며, 이러한 성인의 작업이 바로 '닦음[修]'이다. '닦는다'는 말은 사포 같은 것을 사용하여 어떤 물건의 비본질적이거나 불균질한 부분을 갈아내어 매끄럽게 만드는 행위를 말한다.

4 주역(周易) 태괘(泰卦) 상전(象傳). '천지가 사귐이 태이니 군주가 이를 보고서 천지의 도를 재단하고, 천지의 마땅함을 보조하여 백성을 돕는다(天地交泰, 后以, 財成天地之道, 輔相天地之宜, 以左右民)'. 재성이란, 옷을 지을 적에 필요에 따라 옷감을 잘라서 남는 부분을 버리는 행위이다. 보상은 곁에서 보필하며 돕는 것이다. 천지의 도리가 지상에 적용되는 과정에서 조금 지나치다 싶은 것은 임금이 중간에서 잘라내어 덜어내고, 부족하다 싶은 것은 임금이 보태어 채워 넣는 방식으로 백성들을 위한 법도를 만들어 교화하는 일을 말한다.

14:59

問[1]: "'各俛焉以盡其力.' 下此'俛'字何謂?"

질문: '각자 고개를 숙이고[俛] 자신의 힘을 다한다.'에서 '면(俛)'[2]자를 쓰신 의미는 무엇입니까?

曰: "'俛'字者, 乃是刺著頭, 只管做將去底意思." <友仁>.

대답: 면(俛)자는 머리를 파묻고[3] 쭉 열심히 해나간다는 뜻이다.

<우인(友仁)의 기록>(69세).

주석

1 조선고사본에서는 이 뒤로 '대학장구 서문에서 말하기를(大學章句序中言)'이 더 있다.

2 이 글자는 열심히 노력한다는 의미로는 '면'이라고 읽고 고개를 숙인다는 의미로는 '부'라고 읽는다. 다만, 예기(禮記) 표기(表記)에서 '면언(俛焉)'이라고 쓴 부분을 예기정의(禮記正義)나 예기집해(禮記集解)에서는 모두 '면'으로 읽으라고 주석했다. 성리대전(性理大全)판 대학장구(大學章句)에서는 소리값을 '면(免)'이라고 표기했다. 이에 따라 우리나라 전통에서는 대개 '면'으로 읽는다.

3 자두(刺頭)는 머리를 파묻었다, 몰두한다는 의미이다.

14:60

問[1]: "外有以極[2]其規模之大, 內有以盡其節目之詳."

대학장구 서문의 '바깥으로는 그 규모의 크기를[規模之大][3] 지극히 하고, 안으로는 세부 항목의 상세함을 남김없이 한다'에 관한 질문.

曰: "這个須先識得外面一个規模如此大了, 而內做工夫以實之. 所謂規模之大, 凡人爲學, 便當以'明明德, 新民, 止於至善', 及'明明德於天下'爲事, 不成只要獨善其身便了. 須是志於天下, 所謂'志伊尹之所志, 學顏子之所學也'. 所以大學第二句便說'在新民'." <僩>.

대답: 이것은 먼저 바깥쪽 규모가 이렇게 크다는 것을 인지한 다음 안쪽에서 힘써[工夫] 내용을 채워 넣어야 한다. 이른바 '규모의 큼'이

란, 사람이 학문을 할 때에는 응당 '명덕을 밝히고, 백성을 새롭게 하며, 지극히 좋은 지점에 멈추어 머무른다'는 것 및 '천하에 명덕을 밝히는 것'을 자신의 일로 삼아야 한다는 것이다. 설마하니[不成][4] 그저 자기 자신만 선하게 하고(獨善其身)[5] 말려는 것이겠는가? 반드시 천하에 뜻을 두어야 하니, 이른바 '이윤(伊尹)이 뜻한 바에 뜻을 두고, 안자(顔子)가 배운 바를 배운다'[6]는 것이다. 그래서 대학(大學)의 두 번째 구절에서 '백성을 새롭게 하는(新民) 데에 있다'고 말한 것이다.

<한(僩)의 기록>(69세 이후).

주석

1 조선고사본에서는 이 뒤로 '대학서(大學序)'가 더 있다.

2 조선고사본, 성화본, 만력본, 조선정판본에서는 '극(極)'을 '진(盡)'으로 썼다. 화각본에서는 '극(極)'이다. 대학장구 서문에서는 '극'이다.

3 '규모(規模)'는 체계, 구조, 스케일 등을 말한다. 대학의 경우 그 스케일이 평천하에 이르므로 크다고 한 것이다.

4 14:24의 주석을 참조하라.

5 맹자 7A:9.

6 통서(通書) 지학 제 10(志學第十). '이윤이 지향한 바를 지향하고 안자가 배운 바를 배운다. (그 경지를) 넘어서면 성인(聖人)이 되고, (그 경지에) 미치면 현인(賢人)이 되며, (그 경지에) 미치지 못하더라도 또한 아름다운 이름을 잃지 않을 것이다(志伊尹之所志, 學顔子之所學. 過則聖, 及則賢, 不及則亦不失於令名.)'

14:61

明德, 新民, 便是節目; 止於至善, 便是[1]規模之大. <道夫>.

명덕(明德)과 신민(新民)은 (대학장구의 서문에서 말한 바) '세부 항목[節目]의 상세함'에 해당하고, 지어지선(止於至善)은 (대학장구의 서문에서 말한 바) '그 규모의 크기[規模之大]'에 해당한다.

<도부(道夫)의 기록>(60세 이후).

주석

1 조선정판본에서는 '시(是)'를 '견(見)'으로 썼는데 적절치 않다.

14:62

仁甫問: "釋氏之學, 何以說爲[1] '高過於大學而無用?' "

인보(仁甫)의 질문: (대학장구 서문에서) 어째서 석씨(釋氏)의 학문은 '대학보다 높으나 쓸모가 없다'[2]고 하셨습니까?

曰: "吾儒更著讀書, 逐一就事物上理會道理. 他便都掃了這个, 他便恁地空空寂寂, 恁地便道事都了. 只是無用. 德行道藝, 藝是一介至末事, 然亦皆有用. 釋氏若將些子事付之, 便都沒奈何."

대답: 우리 유학은 (그들에 비해) 더욱 책을 읽고, 구체적인 사건과 사물 하나하나에 나아가 도리를 살핀다. 그들은 이걸[3] 모두 일소해버리고는 저렇게 공허하고 고요하게[空空寂寂] 있으면서 이렇게 '일을 다 마쳤다(事都了)'고 말한다. 그저 쓸모가 없을 뿐이다[無用]. 덕행(德行)과 도예(道藝)의[4] 경우, 육예(六藝)[5]는 지극히 지엽적인 일에 불과하지만 그래도 역시 모두 쓸모가 있다. 가령 석씨(釋氏)에게 몇 가지 일들을

맡긴다 해도 전혀 해낼 방법이 없을 것이다.

又曰: “古人志道, 據德, 而游於藝: 禮樂射御書數, 數尤爲最末事. 若而今行經界, 則算法亦甚有用. 若[6]時文整篇整卷, 要作何用耶[7]! 徒然壞了許多士子精神.” <賀孫>.

다시 대답: 옛 사람들은 도(道)에 뜻을 두고 덕(德)을 굳게 지키며 예(藝)에 노닐었다.[8] 예(禮), 악(樂), 사(射), 어(御), 서(書), 수(數) 가운데 수는 더욱이 가장 말단의 일이지만 이제 토지를 측량하려면[經界] 산법(算法)이 역시 매우 유용하다. 시문(時文)[9]을 있는대로 다[整篇整卷] 가져와도 어디다 쓰겠나? 헛되이 수많은 선비들의 정신을 망가뜨렸을 뿐이다.

<하손(賀孫)의 기록>(62세 이후).

주석

1 조선고사본에서는 ‘위(爲)’를 ‘기(其)’로 썼다. ‘기’로 볼 경우 따라 나오는 인용문에 포함되어 ‘其高過於大學而無用’처럼 되어야 한다. 통행본 대학장구 서문의 해당부분에도 ‘其’자가 있으므로 ‘기’로 보는 편이 더 적절하다고 생각한다.

2 통행본 대학장구 서문에서는 ‘무용(無用)’이 아니라 ‘무실(無實)’이다.

3 이러한 구체성을 말한다.

4 주례(周禮) 지관(地官) 향대부(鄉大夫)에서 처음 나온 표현이다. 덕, 행, 도, 예의 네 가지 항목으로 끊어서 읽기도 하고 덕행, 도예 두 가지 항목으로 읽기도 한다. 주례주소(周禮注疏)에 따르면 덕행은 육덕(六德)과 육행(六行)을 말하며 도예는 육예(六藝)를 말한다. 다만 86:48을 보면 주희는 덕, 행, 도, 예 네 가지를 독립된 카테고리로 본 듯하다. 이 경우 덕은 내 안에 가지고 있는 품성, 행은 모범적인 행실, 예는 육예, 도는 도리에 대한 이해를 말한다.

5 예(禮), 악(樂), 사(射), 어(御), 서(書), 수(數)를 말한다.

6 조선고사본에서는 '약(若)'이 없다.

7 조선고사본, 성화본, 만력본, 화각본, 조선정판본에서는 '야(耶)'를 '즉(即)'으로 썼다. 이렇게 쓸 경우 구두점은 '즉' 앞에 찍어야 한다.

8 논어 7:6.

9 과거시험 답안을 말한다.

經上

경상편

14:63

大學首三句說一箇體統, 用力處卻在致知·格物. <端蒙>.

대학(大學)의 첫 세 구문은 하나의 체계[體統]를 설명해준다. 실제로 힘을 쓸 지점은 치지와 격물에 있다. <단몽(端蒙)의 기록>(50세 이후).

14:64[1)]

天之賦於人物者謂之命, 人與物受之者謂之性, 主於一身者謂之心, 有得於天而光明正大者謂之明德. <敬仲>.

하늘이 사람과 사물에 부여한 것을 명(命)이라 하고, 사람과 사물이 그렇게 받은 것을 성(性)이라 하며, 한 몸을 주재하는 것을 심(心)이라 하고, 하늘로부터 얻어 광명정대(光明正大)한 것을 명덕(明德)이라 한다.

<경중(敬仲)의 기록>(62세).

<以下明明德.>[2)]

<이 아래로 명명덕(明明德)에 관한 조목들>

주석

1 5:44에서는 이와 흡사한 내용이 누군가의 질문으로 되어있고 주희는 여기에 대해 비판적인 톤으로 대답하고 있다. 해당 조목을 참조하라.

2 여정덕의 주석이다. 조선고사본에는 이 주석이 없다.

14:65

或問: "明德便是仁義禮智之性否?"

누군가의 질문: 명덕은 인의예지(仁義禮智) 같은 본성입니까?

曰: "便是."

대답: 그렇다.

14:66

或問: "所謂仁義禮智是性, 明德是主於心而言?"

누군가의 질문: 이른바 인의예지는 본성(性)이고, 명덕(明德)은 마음(心)에 주안점을 두고 말한 것입니까?

曰: "這个道理在心裏光明照徹, 無一毫不明."

대답: 이 도리는 마음(心) 속에서 환하게 빛나고 투명하여[光明照徹] 조금도 밝지 않은 부분이 없다.

14:67[1)]

明德是指全體之妙, 下面許多節目, 皆是靠明德做去.

명덕이란 전체(全體)의 오묘함[妙][2]을 가리켜 말한 것이다. 그 이하 여러 세부 항목들은[3] 모두 명덕에 의지하여 해나가는 것들이다.

주석

1 14:106과 일부 겹치니 참고하라. 또, 14:72의 주석을 참조하라.

2 '전체'는 본체의 완전성을 의미한다. '묘'는 대개 작용[用]을 형용하는 말이다. 본체가 현상으로 현현하여 작동하는 양상이 대단히 정교하고 광대하여 사람의 인식으로 측량하기 어려울 때 이를 두고 찬탄하는 표현이다. 보통 '묘용(妙用)', '대용(大用)' 등으로 쓴다.

3 팔조목 등을 말한다.

14:68

"明明德", 明只是提撕也. <士毅>.

'명명덕(明明德)'에서 (제일 앞쪽의) '명(明)'은 단지 각성시킨다[提撕]는[1] 것이다. <사의(士毅)의 기록>(미상).

주석

1 귀를 잡아 끌어 정신이 번쩍 들게 하는 행위가 제시(提撕)이다. 이정(二程) 등 여러 도학자들이 거경(居敬) 공부를 설명할 적에 이 단어를 사용하였다. 16:7, 8, 9를 보라. 또, 사휘연구 p.431쪽을 참조하라.

14:69[1)]

學者須是爲己. 聖人教人, 只在大學第一句"[2)]明明德"上. 以此立心, 則如今端己斂容[3)], 亦爲己也; 讀書窮理, 亦爲己也; 做得一件事, 是實亦爲己也. 聖人[4)]教人持敬, 只是須著從這裏說起. 其實若知爲己後, 卽自然著敬. <方子>[5)].

배우는 이는 반드시 자신을 위해[爲己] 배워야 한다. 성인의 가르침은 대학(大學)의 첫 구절 '명명덕(明明德)'에 있을 뿐이다. 이것을 가지고 마음을 먹으면[立心] 이제 자신을 단정히 하고 자세를 가다듬고 있는 것도[端己斂容] 자신을 위한 것[爲己]이며,[6)] 책을 읽고 이치를 파고드는 [讀書窮理] 것도 자신을 위한 것이며,[7)] 어떤 일 하나를 처리하는 것도 실로 자신을 위한 것이 된다. 성인이 경건함을 유지하라고[持敬] 가르친 것도 바로 이 지점에서부터[8)] 해설해야만 한다. 사실 자신을 위한 것임을 알고 나면 자연히 경건해 진다.[9)] <방자(方子)의 기록>(59세 이후).

주석

1 지록 6:85는 이 조목과 거의 같고, 지록 29:40은 조금 비슷하다. 후자는 다음과 같다. '독서는 반드시 자신을 위해서 해야 한다. 먼저 마음을 먹어야 한다. 성인의 가르침은 대학의 첫 구절인 명명덕에 있을 뿐이니, 이것을 가지고 마음을 먹는다.(讀書須要爲己. 先須立心. 聖人教人, 只在大學第一句明明德上, 以此立心.)'

2 지록(6:85)에서는 이 자리에 '재(在)'자가 더 있다.

3 조선고사본에서는 '단기렴용(端己斂容)'을 '단용(端容)'으로 썼다.

4 지록(6:85)과 성화본에서는 '인(人)'을 '현(賢)'으로 썼다.

5 조선고사본에서는 이 뒤에 '개경의 기록도 동일함(蓋卿同)'이 더 있다.

6 이 부분은 거경(居敬) 공부를 말한 것이다.

7 이 부분은 격물치지(格物致知) 공부를 말한 것이다.

8 위기(爲己)를 말한 것이다.

9 일역판은 착경(著敬)의 '착'을 실사로 보아 '붙이다'라고 풀었다. 하지만 착경 같은 표현을 주희가 이곳 외에서 사용한 바가 없으므로 이쪽 해석을 따라가기 저어된다. 앞쪽의 '자연'에 붙여서 '自然著'로 보는 것도 가능하다. '著'는 형용사의 뒤에 붙어서 그 정도를 강조해주는 허사로 쓰일 수 있기 때문이다. 어느쪽이든 우리말 해설 상으로는 큰 차이가 없다.

14:70[1]

[2]"明明德"乃是爲己工夫. 那个事不是分內事? 明德在人, 非是從外面請入來底. <蓋卿>.

명명덕(明明德)은 바로 자신을 위한 공부[爲己]이다. (명덕을 밝히는 것에 관한 한) 어떤 일이 자기 몫의 일[分內事]이 아니겠는가? 명덕은 사람 안에 있는 것이지, 밖에다 청해서 들여오는 것이 아니다.

<개경(蓋卿)의 기록>(65세).

주석

1 지록 29:13에 실려 있다.

2 지록과 조선고사본에서는 이 앞에 '대학(大學)'이 더 있다.

14:71

爲學只"在明明德"一句. 君子存之, 存此而已; 小人去之, 去此而已. 一念竦然, 自覺其非, 便是明之之端. <儒用>[1].

배움은 그저 명명덕(明明德) 한 구절에 있을 뿐이다. '군자는 이를 보존한다'는 것도 명덕을 보존하는 것에 다름아니다. '소인은 이를 버린다'는 것도 명덕을 버린다는 것에 다름아니다.[2] 자신의 잘못을 자각하고 모골이 송연(竦然)해지는 것이 바로 (명덕을) 밝히는 일의 단초이다. <유용(儒用)의 기록>(70세).

주석

1 조선고사본에서는 이 뒤에 '기손의 기록도 동일함(夔孫同)'이 더 있다.

2 맹자 4B:19. 맹자에서는 소인(小人)이 아니라 '서민(庶民)'이다.

14:72

大學"在明明德"一句, 當常常提撕. 能如此, 便有進步處. 蓋其原自此發見. 人只一心爲本. 存得此心, 於事物方知有脈絡貫通處. <季札>[1].

대학(大學)의 '명명덕에 있다[在明明德]'는 문구를 늘 떠올려야[提撕] 한다. 이렇게 할 수 있으면 발전하는 부분이 생긴다. 이는 그것이[2] 본래 이것[3]으로부터 틔워 드러나기 때문이다. 사람은 오직 이 한 마음이 뿌리이다[一心爲本]. 이 마음을 간직해야[存得此心][4] 비로소 사건과 사물들에 연결되고 관통하는[脈絡貫通][5] 지점이 있음을 알 수 있다.

<계찰(季札)의 기록>(47세 혹은 66세).

주석

1 조선고사본에서는 이 뒤에 작은 글씨로 통행본 14:67 전체가 그대로 실려 있다. 여정덕이 편집 과정에서 이곳의 주석을 떼어내 하나의 조목으로 독립시킨 듯하다.

2 대학(大學) 공부(工夫)를 지칭하는 듯하다.

3 조목의 앞부분을 고려하면 명덕이라고 보아야 하고, 뒷부분을 고려하면 심(心)으로 보아야 한다. 주희는 명덕을 심(心)과 동치시키는 경우가 자주 있으므로 어떻게 보더라도 무리한 해석은 아니다.

4 맹자 6A:11에서 유래한 표현이다. 맹자에서는 '방(放)'과 '존(存)'이라는 개념쌍을 통해 기르는 개나 닭이 울타리를 넘어 달아난[放] 것을 수색해서 찾아오는[存] 상황을 연상시키고 있다. 주인이 고의로 풀어준 것은 아니지만 어쨌든 짐승이 집을 나가서 행방이 묘연한 상태이므로 '방심'은 '놓친 마음', '잃어버린 마음', '놓아버린 마음', '풀려난 마음', '달아난 마음' 등으로 다양하게 번역되곤 한다. 반대로 '존심(存心)'이나 '구방심(求放心)'은 그렇게 달아난 것을 되찾아 집안에 가져온 뒤 다시 달아나지 못하게 적절하게 관리하고 있는 상태를 말한다. 그래서 대개 '찾아오다', '보존하다', '간직하다', '간수하다' 등으로 번역한다. 주희가 제시하는 공부법으로서의 '존심(存心)'은 사실 '거경(居敬)'과 다르지 않은데, 마음가짐을 특정한 상태로 세팅하고 유지함으로써 일상 속에서 조심하고 공경하며 존중하는 태도를 습관화하려는 것이다. 14:19에서 형용한 것처럼 마음을 '진실하고 순수하며 평온하게 통일된 상태로(端慤純一靜專)' 유지하는 공부가 거경이요 존심이다.

5 '맥락'은 본래 혈관 등이 서로 이어져 구성하는 체계를 말한다. 맥락을 관통한다는 것은 일견 독립된 것처럼 보이는 요소들 사이에 실은 복잡한 상호관계 및 반복되는 패턴이 존재한다는 것을 간파한다는 말이다. 다만 오늘날 한국어에서 '맥락'은 영어 컨텍스트(context)의 번역어라는 인상이 무척 강하므로 독해에 주의를 요한다. 여기서는 '존득차심'이 거경(居敬), 함양(涵養)의 공부를 말하고 '맥락관통(脈絡貫通)'이 격물(格物), 치지(致知)의 공부를 말한다.

14:73

"在明明德", 須是自家見得這物事光明燦爛, 常在目前, 始得. 如今都不曾見得. 須是勇猛著起精神, 拔出心肝與它看, 始得. 正如人跌落大水, 浩無津涯, 須是勇猛奮起這身, 要得出來, 始得. 而今都只汎汎聽他流將去.

'명명덕에 있다'에 관해서라면, 이 물건이[1] 찬란하게 빛나고 있음을[光明燦爛] 스스로 목도하고 (그 물건을) 늘 눈 앞에 두고 잊지 말아야 한다.[2] 그런데 지금은 다들 (명덕을) 본 적조차 없다. (그러니) 반드시 용맹하게 정신을 일으켜 (자신의) 심장과 간을 뽑아 들고 (그런 용기를 가지고) 그것[3]을 보아야 한다[拔出心肝與它看].[4] 마치 사람이 실족하여 큰 물에 빠졌는데 물이 너무 넓어 물가조차 보이지 않는다면 반드시 용맹하게 몸을 일으켜 탈출하려고 해야만 하는 것과 같다. 헌데 지금은 다들 그저 물의 흐름에 몸을 맡기고 둥둥 떠내려가고 있구나.

주석

1 명덕을 말한다.

2 일역판은 상재목전(常在目前)을 '늘 명덕에 생각이 미치게 하라'고 풀었다.

3 명덕을 말한다.

4 '발출심간(拔出心肝)'은 용맹하고 결연한 모습을 뜻한다. '여(與)'는 뒤따르는 명사나 대명사를 목적어로 한정해 준다. 일역판에서는 '심장과 간을 뽑아내어 그것을 남에게 보이다'라고 해석했는데 적절치 않다. 8:60에 거의 흡사한 표현이 있으니 참조하라.

14:74[1]

或以"明明德"譬之磨鏡.

누군가가 명명덕(明明德)을 거울을 갈고 닦는[2] 것에 비유했다.

曰: "鏡猶磨而後明. 若人之明德, 則未嘗不明. 雖其昏蔽之極, 而其善端之發, 終不可絶. 但當於其所發之端, 而接續光明之, 令其不昧, 則其全體大用[3]可以盡明. 且如人知己德之不明而欲明之. 只這知其不明而欲明之者, 便是明德, 就這裏便明將去." <僩>.

대답: 거울은 오히려 갈고 닦은 뒤에야 밝아지지만 사람의 명덕은 애초에 밝지 않았던 적이 없다. 지극히 어둡게 뒤덮였다[昏蔽之極][4] 하더라도 그 마음의 선한 싹이 틔워나오는[善端之發][5] 일은 결코 절멸될 수 없다. 그저 그 틔워 나온 지점에서 그것을 이어받아 빛내어[接續光明] 어둡지 않게[不昧] 해주면 마음 본연의 완전한 본체와 위대한 작용[全體大用]을[6] 남김없이 밝힐 수 있다. 예를 들어 어떤 이가 자신의 덕이 밝지 않음을 알고서 밝히고자 한다면, 바로 그 '밝지 않음을 알고서 밝히고자' 하는 그것이 곧 명덕이다. 바로 그 지점에서부터 밝혀 나가는 것이다. <한(僩)의 기록>(69세 이후).

주석

1 지록 38:80에 실려 있다.

2 이때는 유리거울이 없었다. 청동이나 구리거울 같은 것을 떠올려야 한다. '마(磨)'는 오래되어 반사력이 퇴색한 금속제 거울을 사포나 숫돌 같은 연마재로 힘주어 갈고 닦는 행위를 말한다.

3 지록에서는 '대용(大用)'이 없다.

4 대학혹문(大學或問). 통상적으로 '폐(蔽)'는 '가리다' '가리워지다'로 번역한다. 하지만 이 글자의 본래 이미지가 바가지나 이불 같은 것으로 휙 덮어버리는 것, 혹은 진흙 같은 것을 부어서 뒤덮어버리는 것임을 살리기 위해 여기서는 '뒤덮이다' 정도로 번역했다.

5 중용장구(中庸章句) 제 23장

6 대학장구(大學章句) 전 5장. 14:67의 주석을 참조하라.

14:75

"明明德", 如人自云, 天之所與我[1], 未嘗昏. 只知道不昏, 便不昏矣. <僩[2]>.

명명덕(明明德)은, 예컨대 어떤 사람이 스스로 '하늘이 나에게 준 것은 애초에 어두웠던 적이 없다.'라고 했다고 하자. 어둡지 않다는 것만 알기만 하면 바로 어둡지 않게 된다. <한(僩)의 기록>(69세 이후).

주석

1 지록에서는 이 뒤에 '자(者)'가 더 있다.

2 조선고사본의 기록자명은 '기손(夔孫)'이다. 지록 권38의 기록자가 한(僩)임을 감안하면 통행본 쪽이 옳을 가능성이 높다.

14:76

"明明德", 是明此明德, 只見一點明, 便於此明去. 正如人醉醒, 初間少醒, 至於大醒, 亦只是一醒. 學者貴復其初, 至於已到地位, 則不著个"復"字. <可學>.

명명덕(明明德)은 이 명덕을 밝히는 것이다. 한 점의 빛[明]을 발견하기만 하면 바로 거기서부터 밝혀 나간다. 마치 사람이 술에 취했다가 깨어나는 것과 같다. 처음에는 조금 깨고 나중에는 크게 깨지만, 처음이나 나중이나 '깼다'는 점에서는 매한가지다. 배우는 이는 그 최초의 모습을 회복하는[復其初][1] 것을 귀하게 여긴다. 그런 경지에 이미 도달했으면 '복(復)'이라는 글자를 쓰지 않는다. <가학(可學)의 기록>(62세).

주석

1 대학장구(大學章句) 경1장에서 주희의 주석.

14:77

問[1]"明明德".

'명명덕'에 관한 질문.

曰: "人皆有个明處, 但爲物欲所蔽, 剔撥去了. 只就明處漸明將去. 然須致知·格物, 方有進步處, 識得本來是甚麼物." <季札>.

대답: 사람마다 모두 밝은[明] 부분이 있다. 그러나 물욕에 뒤덮여 있으므로 그것을 도려내야[剔撥] 한다. 그저 밝은 부분에서부터 점점 밝혀 나가는 것뿐이다. 그러나 반드시 치지(致知)와 격물(格物)을 해야만

진전이 있어 이것이[2] 본래 어떤 물건[本來是甚麽物] 인지 알게 된다.

<계찰(季札)의 기록>(47세 혹은 66세).

주석

1 조선고사본에서는 이 뒤에 '대학지도재(大學之道在)'가 더 있다.

2 명덕을 말한다.

14:78[1]

明德未嘗息, 時時發見於日用之間. 如見非義而羞惡, 見孺子入井而惻隱, 見尊賢而恭敬, 見善事而歎慕, 皆明德之發見也. 如此推之, 極多. 但當因其所發而推廣之. <僩>.

명덕(明德)은 멈췄던 적이 없으니, 일상 속에서 무시로 틔워 드러난다[發見]. 예를 들어, 의롭지 못한 것을 보고 부끄러워하고 싫어하는 마음이 들고, 아이가 우물에 빠지는 것을 보고 측은한 마음이 들고, 존귀하고 현명한 사람을 보고 공경하는 마음이 들고, 선한 일을 보고 감탄하고 동경하는 마음이 드는 것이 모두 명덕이 틔워 드러난 것이다. 이렇게 미루어 보면 (명덕이 드러난 곳이) 대단히 많다. 다만 이렇게 (이미) 틔워 나온 곳에서부터 (그것을) 미루어 넓혀가야 할 뿐이다.

<한(僩)의 기록>(69세 이후).

주석

1 지록 38:33에 실려 있다.

14:79[1)]

明德, 謂得之於己, 至明而不昧者也. 如父子則有親, 君臣則有義, 夫婦則有別, 長幼則有序[2)], 朋友則有信, 初未嘗差也. 苟或差焉, 則其所得者昏, 而非固有之明矣. <履孫>.

명덕이란 (하늘로부터) 얻어서[得][3)] 자기 안에 간직하고 있는, 지극히 밝아 어둡지 않은 것을 말한다. 예컨대, 부모와 자식 사이에는 친밀함이 있고, 군신 사이에는 의리가 있으며, 부부 사이에는 구별이 있고, 어른과 아이 사이에는 차례가 있으며, 친구 사이에는 신뢰가 있다.[4)] (이런 것들은) 애초에 어그러졌던 적이 없다. 만약 어그러지면 (하늘로부터) 얻은 것이 어두워져서 본연의 밝음이 아니게 될 것이다.[5)]

<리손(履孫)의 기록>(65세).

주석

1 지록 32:4에 실려 있다.

2 지록에서는 '장유즉유서(長幼則有序)'가 없다.

3 소리값이 비슷한 다른 글자를 가져와서 뜻을 풀이하는 것은 오래된 전통이다. 인(仁)은 사람다움[人]이라는 등이 그것이다. 덕을 득으로 풀이한 최초의 사례는 예기(禮記) 악기(樂記)이다.

4 명덕이 드러난 지점들이다.

5 '애초에 어그러졌던 적이 없[初未嘗差也]'는 것은 이 밝음의 필연성과 항상성을 주장한 것인데, 이러한 주장은 바로 뒤의 만약 '어그러지면[苟或差焉]'에서 즉시 부정된다. 이러한 불분명한 문장들은 다른 조목에서도 반복해서 보인다. 14:82를 보라.

14:80

人本來皆具此明德, 德內便有此仁義禮智四者. 只被外物汩沒了不明, 便都壞了. 所以大學之道, 必先明此明德. 若能學, 則能知覺此明德, 常自存得, 便去刮剔, 不爲物欲所蔽. 推而事父孝, 事君忠, 推而齊家·治國·平天下, 皆只此理. 大學一書, 若理會得這一句, 便可迎刃而解. <椿>.

사람은 본래 모두 이 명덕을 갖추고 있으며, 이 명덕 안에는 인의예지(仁義禮智) 네 가지가 있다. 단, 명덕이 외물(外物)에 깊이 빠져서[汩沒] 밝지 않게 되면 모두 못쓰게 되어버린다. 그래서 대학(大學)의 도는 반드시 이 명덕을 밝히는 것을 최우선으로 한다. 잘 배울 수 있다면 이 명덕을 지각(知覺)할 수 있다. 이 명덕을 늘 간직할 수 있으면 (명덕에 달라붙어있는 물욕을) 발라내 버려서[刮剔][1] 그것에 뒤덮이지 않게 된다. 이것을 미루어 부모를 효(孝)로 섬기고 임금을 충(忠)으로 섬기며, 또 미루어 가정을 다스리고 나라를 다스리고 천하를 평정하는 것이니, 이 모든 것이 단지 이 이치[理]일 뿐이다.[2] '대학' 한 권은 이 한 문구만 이해하면 (나머지는) 칼날에 닿자마자 해체[迎刃而解]되는 것처럼 풀린다.[3] <춘(椿)의 기록>(59세).

주석

1 14:77에 유사한 표현이 보인다.

2 '이 이치'는 인의예지를 말한다.

3 진서(晉書) 두예전(杜預傳). '이제 우리 군대의 위세가 이미 떨쳐졌으니, 비유하자면 대나무를 쪼개는 것과 같다. 몇 마디만 쪼개고 나면 나머지는 모두 칼에 닿는 족족 떨어져나가 다시 손 댈 곳도 없을 것이다.(今兵威已振, 譬如破竹, 數節之後, 皆迎刃而解, 無復著手處也.)'

明德, 也且就切近易見處理會, 也且慢慢自見得. 如何一日便都要識得! 如"出必是告, 反必是面", "昏定晨省", [1]必是昏定晨省, 這易見. "徐行後長者謂之弟, 疾行先長者謂之不弟", 這也易見, 有甚不分明. 如"九族旣睦", 是堯一家之明德; "百姓昭明", 是堯一國之明德; "黎民於變時雍", 是堯天下之明德. 如"博弈好飮酒, 不顧父母之養", 是不孝; 到能"昏定晨省", "冬溫夏淸", 可以爲孝. 然而"從父之令", 今看孔子說, 卻是不孝. 須是知父之命當從, 也[2]有不可從處. 蓋"與其得罪於鄕黨州閭, 寧熟諫". "諭父母於道", 方是孝. <賀孫>.

명덕은 우선 쉽게 알 수 있는[易見], 가깝고 익숙한[切近] 지점에서 살펴서 천천히 스스로 깨달아야 한다. 어떻게 하루 아침에 모두 알 수 있겠나? '외출할 때 반드시 부모님께 알리고, 귀가하면 반드시 얼굴을 보여야 한다[出必是告, 反必是面]',[3] '저녁에는 부모님의 잠자리를 봐 드리고, 새벽에는 부모님의 안부를 살펴야 한다[昏定晨省]'[4] 같은 경우, 반드시 혼정신성(昏定晨省)해야 한다는 것은 쉽게 알 수 있는(易見) 지점이다. '천천히 걸어 어른을 뒤따르는 것이 공손함[弟]이라하고, 빠르게 걸어 어른을 앞서는 것이 불손함(不弟)이라한다'는[5] 것도 쉽게 알 수 있는[易見] 지점이니, (이런 데서) 불분명할 것이 뭐가 있는가? '구족(九族)이 이미 화목하다[旣睦]'는 것은 요(堯) 임금 일가의 명덕이다. '백성의 (덕이) 밝게 빛났다[百姓昭明]'는 것은 요 임금 일국의 명덕이다. '만민이, 오! 변화하여 화평하였다'는 것은 요 임금 천하의 명덕이다.[6] '바둑과 주사위놀음을 하고 음주를 좋아하여 부모의 봉양을 돌아보지 않음'[7]은 불효이다. '혼정신성(昏定晨省)하고', '겨울에는 따뜻하게 해드리고 여름에는 시원하게 해드릴[冬溫夏凊]'[8] 수 있으면 효라고 할 만하다. 그러나 '아버지의 명령을 따름'[9]은 지금 공자(孔子)가 말한 것을 보면 오히려 불효이다. 아버지의 명령은 응당 따라야 하는 경우도 있고 따라서는 안 되는 경우도 있다는 것을 알아야 한다. '아버지가 이웃과 마을[鄕黨州閭]에 죄를 짓게 되는 것보다 차라리 꾸준히 은근하게 간언하는[熟諫][10] 편이 낫'고,[11] '부모를 타일러 도(道)로 이끌어야'[12] 효(孝)이기 때문이다. <하손(賀孫)의 기록>(62세 이후).

주석

1 조선고사본에서는 여기서부터 끝까지 소자(小字)로 적혀있다. 다만 문맥상 원래부터 이 부분이 모두 주석이었다고 보기 어렵다. 필사과정에서 문제가 있었던 것으로 보인다.

2 조선고사본에서는 이 뒤에 '수지(須知)'가 더 있다.

3 예기(禮記) 곡례(曲禮) 상(上). '나가면 반드시 알리고, 돌아오면 반드시 얼굴을 보인다(出必告, 反必面).'

4 예기(禮記) 곡례(曲禮) 상(上). '모든 아들된 자의 예는 겨울에는 따뜻하게 해드리고 여름에는 시원하게 해드리며 저녁에는 잠자리를 봐드리고 새벽에는 안부를 살피며 벗들과 있을 때 다투지 않는 것이다.(凡為人子之禮, 冬溫而夏凊, 昏定而晨省, 在醜夷不爭.)'

5 맹자 6B:2.

6 서경(書經) 요전(堯典). '능히 큰 덕을 밝혀 구족(九族)을 친하게 하셨다. 구족(九族)이 이미 화목하거늘 백성을 고루 밝히셨다. 백성의 (덕이) 밝게 빛나 만방(萬邦)이 화합하니 만민이, 오! 변화하여 화평하였다.(克明俊德, 以親九族. 九族既睦, 平章百姓. 百姓昭明, 協和萬邦. 黎民於變時雍.)'

7 맹자 4B:30.

8 예기 곡례(曲禮) 상(上). 앞의 주석 참조.

9 효경(孝經) 간쟁(諫諍). '증자가 말함: 자애(慈愛), 공경(恭敬), 안친(安親), 양명(揚名)과 같은 경우는 가르침을 들었습니다. 감히 묻노니 자식이 아버지의

명령을 따르는 걸 효라고 할 수 있습니까? 선생의 답: …… 그러므로 불의에 빠지면 간쟁해야만 하니 아버지의 명령을 (맹목적으로) 따르기만 하는 게 또 어찌 효가 될 수 있겠는가?" (曾子曰: "若夫慈愛恭敬安親揚名, 則聞命矣. 敢問子從父之令, 可謂孝乎?" 子曰: "…… 故當不義則爭之, 從父之令, 又焉得爲孝乎?")'

10 숙간(熟諫)은 물체를 약한 불로 익히듯이 지속적으로 간언하는 것이다. 요즘식으로 말하자면 (비록 부정적 뉘앙스이긴 하지만) '가스라이팅'이 제일 가까울 듯하다.

11 예기(禮記) 내칙(內則). '부모에게 잘못이 있거든 기세를 낮추고 안색을 온화하게 하며 목소리를 부드럽게 하여 간한다. 간이 받아들여지지 않아도 공경하고 효도한다. 기뻐하면 다시 간하고 기뻐하지 않아도 이웃과 마을에 죄를 짓게 되는 것보다 차라리 꾸준히 은근하게 간언하는 편이 낫다.(父母有過, 下氣怡色, 柔聲以諫. 諫若不入, 起敬起孝, 說則復諫, 不說, 與其得罪於鄕黨州閭, 寧孰諫.)' 해당 구문은 논어집주(論語集註)에도 인용된 바 있다.

12 예기(禮記) 제의(祭義). '증자가 말함: 이 무슨 말인가! 이 무슨 말인가! 군자의 이른바 효도란 먼저 부모의 의지를 받들고 부모를 타일러 도로 이끌어야 한다. 나는 그저 봉양하는 사람일 뿐이다. 어찌 효도한다고 하겠는가? (曾子曰: 是何言與! 是何言與! 君子之所為孝者, 先意承志, 諭父母於道. 參, 直養者也. 安能為孝乎?)'

14:82

曾興宗問: "如何是'明明德'?"

증흥종(曾興宗, 1146~1212)[1]의 질문: 명명덕(明明德)이란 무엇입니까?

曰: "明德是自家心中具[2]許多道理在這裏. 本是个[3]明底物事, 初無暗昧, 人得之則爲德. 如惻隱·羞惡·辭讓·是非, 是[4]從自家心裏出來, 觸著那物, 便是[5]那个物出來, 何嘗不明. 緣爲物欲所蔽, 故其明易昏. 如鏡本明, 被外物點汙, 則不明了. 少間磨起[6], 則其明又能照物."

대답: 명덕(明德)이란 자신의 여기 이 마음 속에 여러 도리를 갖추고 있다는 것이다. 본래 밝은 물건이어서 애초에 어두웠던 적이 없었으며, 사람이 그것을 (하늘로부터) 얻어서 덕(德)이 되었다.[7] 측은지심, 수오지심, 사양지심, 시비지심의 경우는 모두 마음 속에서 나온다. (마치 거울처럼) 어떤 물건이 (마음에) 접촉하면 (마음이) 그 물건을 내놓으니 (마음이) 언제 한 번이라도 밝지[明][8] 않았었던가? 물욕에 뒤덮여 그 밝은 성질이 쉽게 어두워지는 것이다. 거울이 본래 밝지만 외부의 물질에 의해 더럽혀지면 밝지 않게 되는 것과 같다. 조금만 갈아내면[磨起][9] 그 밝음이 다시 사물을 비출[10] 수 있다.

又云: "人心惟定則明. 所謂定者, 非是定於這裏, 全不修習, 待他自明. 惟是定後, 卻好去學. 看來看去, 久後自然徹."

다시 말함: 사람의 마음은 오직 안정되어야만 밝다[定則明].[11] 이른바 '정(定)'이란, 내면을 안정시켜 놓은채 전혀 갈고 닦지도 배우고 익히지도 않으면서 마음이 저절로 밝아질 때까지 가만히 기다리고 있겠다는 말이 아니다. 오직 이렇게 안정된 후에야[12] 비로소 배우기 딱 좋게 되니,[13] 그렇게 (이것저것) 살피기를 오래 한 뒤에 자연히 꿰뚫게 된다.

又有人問[14]: "自覺胸中甚昧."

또 다른 사람의 질문: 제 가슴 속이 매우 어두움을 느낍니다.

曰: "這明德亦不甚昧. 如適來說惻隱·羞惡·辭遜·是非等,[15] 此是心中元有此等物. 發而爲惻隱, 這便是仁; 發而爲羞惡, 這便是義; 發而爲辭遜·是非, 便是禮·智. 看來這个亦不是甚昧, 但恐於義理差互處有似是而非者, 未能分別耳. 且如冬溫夏凊爲孝, 人能冬溫夏凊, 這便是孝. 至如子從父之令, 本似孝[16], 孔子[17]卻以爲不孝[18]. 與其得罪於鄕閭, 不若且諫父之過, 使不陷於不義, 這處方[19]是孝. 恐似此處, 未能大故分別得出, 方昧. 且如齊宣王見牛之觳觫, 便有不忍之心, 欲以羊易之. 這便見惻隱處, 只是見不完全. 及到[20] '興甲兵, 危士臣'處, 便欲快意爲之. 是見不精確, 不能推愛牛之心而愛百姓. 只是心中所見所好[21]如此, 且恁地做去. 又如胡侍郎讀史管見, 其爲文字與所見處甚好, 到他自做處[22]全相反. 不知是如何, 卻似是兩人做事一般, 前日所見是一人, 今日所行[23]又是一人[24]. [25]是見不眞[26]確, 致得如此." <卓>.

대답: 이 명덕은 역시 그리 어둡지 않다. 방금[適來] 말한 측은지심, 수오지심, 사양지심, 시비지심 등은 우리 마음 속에 원래 있는 것들이다. 틔워 나와 측은지심이 되는 것이 인(仁)이고, 틔워 나와 수오지심이 되는 것이 의(義)이며, 틔워 나와 사양[辭遜]지심과[27] 시비지심이 되는 것이 예(禮)와 지(智)이다. 생각해보면[看來] 이것들은 역시 그리 어둡지 않다. 다만 의리가 섞여서 충돌하는[差互][28] 지점에서는 옳은 듯하지만 사실은 그른 것들이[似是而非] 있는데 그런 걸 (사람들이) 분별하지 못할까 우려할 뿐이다. 예컨대 '겨울에는 따뜻하게 해드리고 여름에는 시원하게 해드리는[冬溫夏凊]'[29] 효행 같은 경우는 누군가 동온하청(冬溫夏凊)을 잘 해내면 곧 효이다. 그러나 자식이 '아버지의 명령을 따르는'일 같으면 본래 효인 것 같지만 공자(孔子)는 반대로 불효라고 여겼다. '아버지가 이웃과 마을에 죄를 짓게 되는 것보다는 아버

지의 잘못을 간(諫)하여 불의(不義)에 빠지지 않게 함이 나'으니, 이렇게 해야 효이다.[30] 이러한 경우들에서 제대로 분별해내지 못하면 바로 어두워질[昧] 것이다. 예를 들어 제선왕(齊宣王)은 소를 보고 '차마 어쩌지 못하는 마음[不忍之心]' 이 들어 양으로 바꾸려 하였다. 여기가 (제선왕이 자신의) 측은지심을 본 곳이다. 다만 완전하게 보지 못했을 뿐이다. 제선왕이 '전쟁을 일으켜 병사와 신하를 위태롭게 하려(興甲兵, 危士臣)'[31]는 곳의 경우 그가 자기 마음에 통쾌하고자 그렇게 하는 것이다. 이는 (자기 마음의 측은지심을) 본 것이 정밀하고 확실하지 못하였기 때문에 소에 대한 사랑을 미루어 백성에 대한 사랑으로 확장하지 못한 것이다. 그저 마음 속에서 본 것과[32] 좋아하는 것이[33] 이와 같기에 이런 식으로 행동한 것이다. 또 호시랑(胡侍郎)[34]이 지은 독사관규(讀史管見)같은 경우 그 문장력과 (의리를) 본 것이 매우 좋은데 그가 실제로 한 일들은 전혀 반대이니 어떻게 이럴 수 있는지 모르겠다.[35] 마치 서로 다른 두 사람이 한 일인 것 같다. 어제 (의리를) 본[見] 사람이 하나 있고 오늘 행동한 사람이 별개로 하나 있는 꼴이다. 이는 (의리를) 본[見] 것이 참되고 확실하지 못했기 때문에 이렇게 되어버린 것이다. <탁(卓)의 기록>(미상).

주석

1 주희의 제자. 자는 광조(光祖). 회암집(晦庵集) 권 61에 그에게 보내는 편지 다섯 통이 남아 있다.

2 조선고사본에서는 '구(具)'를 '여(與)'로 썼다.

3 조선고사본에서는 '개(个)'를 '아(我)'로 썼다.

4 조선고사본, 성화본, 조선정판본에서는 '시(是)'를 '개(皆)'로 썼다. 여기서는 이쪽을 따라 번역했다.

5 조선고사본에서는 '시(是)'를 '유(有)'로 썼다.

6 조선고사본에서는 '기(起)'를 '료(了)'로 썼다. 일역판의 교감주에서는 조선고사본에서 '기료(起了)'라고 썼다고 하였는데 사실과 다르다.

7 이 표현에 대해서는 14:79 참조.

8 문맥상 거울의 반영능력(reflection)을 말하는 듯하다.

9 14:74의 주석을 참조하라.

10 사물의 상을 맺는다는 뜻이다.

11 이정집(二程集) 권 3, 답횡거선생정성서(答橫渠先生定性書). 정호(程顥)가 장재에게 보낸 편지로 약칭해서 '정성서(定性書)'라고 부른다. '바깥을 그르다 여기고 안을 옳다 여기는 것은 안팎을 모두 잊는 것만 못합니다. 모두 잊으면 투명하여 일이 없게 됩니다. 일이 없으면 안정되고, 안정되면 밝아지니, 밝아지면 어찌 사물에 응대하는 것이 누가 되겠습니까?(與其非外而是內, 不若內外之兩忘也. 兩忘則澄然無事矣. 無事則定, 定則明, 明則尙何應物之為累哉?)'

12 거경(居敬) 공부를 말한다.

13 격물치지(格物致知) 공부를 말한다.

14 조선고사본에서는 이 뒤에 '명덕장구(明德章句)'가 더 있다.

15 조선고사본에서는 '여적래설측은수오사손시비등(如適來說惻隱羞惡辭遜是非等)'을 '여설수오시비측은사손(如說羞惡是非惻隱辭遜)'으로 썼다.

16 조선고사본에서는 이 뒤에 '또한 아들이면서 아버지의 명을 따르지 않는 자가 있으나(亦有子而不從父之命者而)'가 더 있다.

17 조선고사본에서는 이 뒤에 '지의(之意)'가 더 있다.

18 조선고사본에서는 이 뒤에 '연(然)'이 더 있다.

19 조선고사본에서는 '방(方)'을 '변(便)'으로 썼다.

20 조선고사본에서는 이 뒤에 '착(着)'이 더 있다.

21 조선고사본에서는 '호(好)'를 '유(有)'로 썼다.

22 조선고사본에서는 '도타자주처(到他自做處)'를 '도착타일주처(到着他日做處)'로 썼다.

23 조선고사본에서는 '행(行)'을 '견(見)'으로 썼다. '행'이 더 말이 된다.

24 조선고사본에서는 이 뒤에 '료(了)'가 더 있다.

25 조선고사본에서는 이 자리에 '야(也)'가 더 있다.

26 조선고사본에서는 '진(眞)'을 '정(精)'으로 썼다.

27 원문이 사양이 아니라 '사손'인 이유는 북송(北宋) 영종(英宗, 1063~1067, 재위 1062~1067)의 친부인 조윤양(趙允讓, 995~1059)의 이름 마지막 글자를 피휘했기 때문이다.

28 '차호'는 교착(交錯)이다. 이러한 의리와 저러한 의리가 섞이면서 충돌하는 경우를 말한다.

29 14:81의 주석을 참조하라.

30 14:81의 주석을 참조하라.

31 맹자 1A:7.

32 측은지심이다.

33 전쟁을 일으켜 마음에 통쾌하고자 하는 것이다.

34 호인(胡寅, 1098~1156). 자는 명중(明仲), 호는 치당(致堂). 예부시랑 벼슬을 지냈기에 종종 '호시랑'으로 불린다.

35 주희가 호인을 비판한 까닭은 분명하지 않다. 일역판에서는 그의 생모가 죽었을 때 상복을 입지 않은 일 때문이 아닌가 추측하고 있다.

14:83

或問: "'明明德', 是於靜中本心發見, 學者因其發見處從而窮究之否?"

누군가의 질문: '명명덕(明明德)'이란 고요함[靜] 속에서 본래의 마음[本

心]이 틔워 나올 때 배우는 이가 그 틔워 나온 곳에서부터 (이치를) 파고드는[窮究] 것 아닙니까?

曰: "不特是靜, 雖動中亦發見. 孟子將孺子將入井處來明這道理. 蓋赤子入井, 人所共見, 能於此發端處推明, 便是明. 蓋人心至靈, 有什麼事不知, 有什麼事不曉, 有什麼道理不具在這裏. 何緣有不明? 爲是氣稟之偏, 又爲物欲所亂. 如目之於色, 耳之於聲. 口之於味, 鼻之於臭, 四肢之於安佚, 所以不明. 然而其德本是至明物事, 終是遮不得, 必有時發見. 便教至惡之人, 亦時乎有善念之發. 學者便當因其明處下工夫, 一向明將去. 致知·格物, 皆是事也. 且如今人做得一件事不是, 有時都不知, 便是昏處; 然有時知得不是, 這个便是明處. 孟子發明赤子入井. 蓋赤子入井出於倉猝, 人都主張不得, 見之者莫不有怵惕惻隱之心."

대답: 고요할[靜] 때 뿐만 아니라 움직이는[動] 중에도 틔워 나온다. 맹자(孟子)는 어린아이가 막 우물에 빠지려는 상황을 가지고 이 도리를 밝혔다. 대개 아이가 우물에 빠지는 사례에서 (본래의 마음이 발현되는 것은) 사람들이 모두 함께 보는 것이니, 이렇게 싹을 틔운 지점에서[發端處] 미루어 밝혀 나갈 수 있으면 곧 밝아진다. 대개 사람의 마음은 지극히 영묘[靈]하니 무슨 일인들 알지 못할 것이며, 무슨 일인들 깨치지 못할 것이며, 무슨 도리인들 이 안에 갖추고 있지 않을 것인가? (그렇다면) 어째서 밝지 못함이 있는가? 기질[氣稟][1]이 치우쳤기 때문이고, 물욕(物欲)에 의해 혼란해졌기 때문이다. 예컨대 눈이 색을 보려 하고, 귀가 소리를 들으려 하고, 입이 맛을 보려 하고, 코가 냄새를 맡으려 하며, 사지가 편안함을 추구하는 것이[2] (명덕이) 밝지 않게 되는 까닭이다. 그러나 그 덕은 본래 지극히 밝은 물건인지라 끝내

차폐할 수 없으므로 반드시 발현하는 때가 있다. 설령[便教][3] 지극히 악한 사람이라 하더라도 역시 가끔은 선한 생각이 틔워 나온다. 배우는 이는 바로 그 밝은 지점에 힘을 쏟아서 쭉 밝혀나가야 한다. 치지(致知)와 격물(格物)이 모두 이런 작업이다. 예를 들어 이제 어떤 사람이 일 하나를 잘못해 놓고도 전혀 알아차리지 못하는 경우 거기가 바로 어두운[昏] 지점이다. 하지만 그 잘못을 알아차리는 경우에는 거기가 바로 밝은[明] 지점이다. 맹자가 우물에 빠지려는 아기를 가지고 (도리를) 밝힌 까닭은, 아기가 우물에 빠지는 것은 창졸간의 일이라서 그것을 본 사람이라면 누구나 어쩔 수 없이[主張不得][4] 놀랍고 두렵고 측은한 마음[怵惕惻隱之心]이 일어나기 때문이다.

又曰: "人心莫不有知, 所以不知者, 但氣稟有偏, 故知之有不能盡. 所謂致知者, 只是教他展開使盡."

다시 대답: 사람의 마음은 앎[知]이 없는 경우가 없는데도 (현실에서 종종 도리를) 알지 못하는 까닭은 기질[氣稟]의 치우침 때문이다. 그래서 앎을 남김없이 다하지 못하는 것이다. 이른바 치지(致知)란 것은 단지 그것을[5] 활짝 펼쳐 남김없이 다하려는 것뿐이다.

又曰: "看大學, 先將經文看教貫通. 如看或問, 須全段相參酌, 看教他貫通, 如看了隻手, 將起便有五指頭, 始得. 今看或問, 只逐些子看, 都不貫通, 如何得." <子蒙>.

다시 대답: 대학(大學)을 볼 때, 먼저 경문(經文)을 읽어 관통(貫通)해야 한다. 대학혹문(大學或問)을 보는 경우에도 모름지기 전체 단락들이 서로 상호참조가 되어 그것들이 서로 관통(貫通)해야 한다. 마치 한쪽

손을 볼 때 다섯 손가락이 모두 보여야 되는 것과 같다. 이제 대학혹문을 보면서 그저 조목들을 순서대로 읽기만 하여[逐些子看] 전혀 서로 연결되지[貫通] 않으면 어떻게 하나? <자몽(子蒙)의 기록>(미상).

주석

1 '기품(氣稟)'에 대해서는 14:115의 주석을 참조하라.

2 맹자 7B:24.

3 '변교'는 '가령', '설령' 등을 의미한다. 이렇게 사용하는 다른 경우로는 18:125, 25:14를 보라.

4 '주장(主張)'은 주재하고 제어한다는 뜻이다. '부득(不得)'이 붙었으니 '제어할 수 없다'는 뜻이 된다.

5 앎을 말한다.

14:84

或問"明明德"云云[1].

누군가가 명명덕(明明德)은 이러이러하다고 말하며 질문.[2] [3]

曰: "不消如此說, 他那注得自分曉了. 只要你[4]實去體察, 行之於身. 須是眞个明得. 這明德是怎生地明? 是如何了得它虛靈不昧? 須是眞个不昧, 具得衆理, 應得萬事. 只恁地說, 不濟得事."

대답: 그렇게 말할 필요 없다. 그것은[他] 저기서 명백하게 주석[5]해두었다. 중요한 것은 실질적으로[稱實] 몸소 관찰하고[體察] 일신상에서

실천하는 것이다. 진정으로 (명덕을) 밝혀야 한다. 이 명덕은 어떻게[怎生][6] 밝히는가? 어떻게 해야 그 허령불매(虛靈不昧)[7]를 이해할(了得) 수 있는가? 모름지기 진정으로 어둡지 않아야[不昧] 여러 도리를 갖추어 만사에 대응할 수 있다. 그저 이렇게 말로만 해서는 해내지 못한다.

又曰: "如格物·致知·誠意·正心·修身五者, 皆'明明德'事. 格物·致知, 便是要知得分明; 誠意·正心·修身, 便是要行得分明. 若是格物·致知有所未盡, 便是知得這明德未分明; 意未盡誠, 便是這德有所未明; 心有不正, 則德有所未明; 身有不修, 則德有所未明. 須是意不可有頃刻之不誠, 心不可有頃刻之不正, 身不可有頃刻之不修, 這明德方常明."

다시 말함: 격물(格物), 치지(致知), 성의(誠意), 정심(正心), 수신(修身) 다섯 가지 같은 경우 모두 '명명덕'의 일이다. 격물과 치지는 분명하게 알고자 하는 것이고, 성의, 정심, 수신은 분명하게 행하려는 것이다. 만약 격물과 치지에 미진한 점이 있다면 이는 곧 이 명덕에 대한 앎에 아직 분명하지 못한 점이 있는 것이다. 의지[意]가 아직 완전히 진실하지 않다면 이는 곧 이 덕에 아직 밝히지 못한 점이 있는 것이다. 마음[心]에 바르지 못한 측면이 있다면 곧 덕에 아직 밝히지 못한 점이 있는 것이다. 몸에 닦이지 않은 측면이 있다면 곧 덕에 아직 밝히지 못한 점이 있는 것이다. 모름지기 의지는 잠시라도 진실하지 않아서는 안 되고, 마음은 잠시라도 바르지 않아서는 안 되며, 몸은 잠시라도 닦이지 않아서는 안 된다. 이 명덕은 (이렇게 해야만) 늘 밝다.

問: "所謂明德工夫, 也只在讀書上?"

질문: 이른바 명덕을 밝히는 노력[工夫]도 역시 그저 독서에만 있습니까?

曰: "固是在讀書上. 然亦不專是讀書, 事上也要理會. 書之所載者, 固要逐件理會. 也有書所不載, 而事上合當理會者; 也有古所未有底事, 而今之所有當理會者, 極多端." <僩>.

대답: 물론 독서에 있긴 하다. 그러나 역시 독서에만 국한되지는 않고, 현실의 사태에서도 살피고 헤아려야[理會] 한다. 책에 실린 내용은 물론 하나하나 헤아려야 하겠지만, 책에 실리지 않았어도 실제 사태상에서 헤아려야 하는 것들도 있고, 고대에는 없었던 일인데 지금은 있어서 응당 헤아려야 하는 것들도 있는 등, 경우가 극히 다양하다.

<한(僩)의 기록>(69세 이후).

<燾錄別出.>[8]

<도(燾)의 기록은 따로 나온다.>[9]

주석

1 조선고사본에서는 '운운(云云)'을 작은 글씨로 썼다.

2 이 조목은 이해하기 어려운 부분이 있다. 바로 다음 조목(14:85)과 사실상 같은 내용이므로 서로 참조하여 번역했다.

3 여기서 '운운'은 생략기호이다. 생략된 내용은 다음 조목을 참조하라.

4 조선고사본에서는 '이(你)'를 '칭(秝)으로 적었다. '칭'은 '칭(稱)'의 속자이다. 성화본에서 '이'로 적은 이래로 다른 모든 판본이 이를 따랐다. 이 글자

가 '칭(稱)'의 속자임을 읽어낸 것은 주자어류휘교가 처음이다. '칭실(稱實)'로 볼 경우 '실제에 부합하게', '실질적으로' 정도의 의미가 된다. 이 부분에 대한 자세한 교감 의견은 양옌(杨艳, 2015)의 111쪽을 참고하라.

5 대학장구(大學章句) 등 주희 본인의 주석을 말한 것이다.

6 '즘생(怎生)'은 '어떻게'이다. 현대 중국어 '쩐양(怎样)'과 같다.

7 대학장구에서 주희는 명덕을 '비어 있으나 영명하여 어둡지 않은[虛靈不昧]' 물건이라고 정의했다. '비어있다'는 내용성을 결하고 있다는 뜻이다. 98:43을 보면 짐승의 심장을 해부해 보면 모두 속이 비어있다는 사실을 들어 마음(=심장)은 허(虛)한 물건임을 입증하려 하고 있다. 이는 '비었다'는 말이 도덕심리에 국한되는 말이 아니라 물리적인 측면에도 적용되는 표현임을 시사한다. 또한 4:39, 5:14, 5:45를 참조하라. 보고 듣고 느끼고 생각하는 등의 의식 활동을 가능하게 해주는 능력을 '령(靈)' 혹은 '명(明)'이라고 한다. 오늘날 말로 가장 흡사한 것은 아마도 의식(Consciousness)일 것이다. '불매(不昧)'는 밝다는 뜻이다. 의식의 '밝음'이란 이 의식이 활발히 세계를 인식하고 세계와 상호작용함을 말한다.

　한편, 명덕을 이처럼 정의하면 명덕은 마치 도덕적 내용성 없이 무정하게 작동하는 인간의 지각능력인 것처럼 보이기도 한다. 이 경우 명덕을 심(心), 심을 명덕으로 간주한 것인데, 이 문제에 대해서는 주자언론동이고(2002) p.138을 보라.

8 조선고사본에는 이 주석이 없다.

9 바로 다음 조목이다.

14:85

問: "或謂'虛靈不昧', 是精靈底物事; '具衆理', 是精靈中有許多條理; '應萬事', 是那條理發見出來底."

질문: 누군가가 말하길 허령불매(虛靈不昧)는 정채롭고 영묘한[精靈] 물

건이고, 구중리(具衆理)는 그 정채롭고 영묘한 가운데 조리(條理)가 많이 들어있다는 것이며, 응만사(應萬事)는 그 조리들이 발현하여 나오는 것이라고 합니다.

曰: "不消如此解說. 但要識得這明德是甚物事, 便切身做工夫, 去其氣稟物欲之蔽. 能存得自家個虛靈不昧之心, 足以具衆理, 可以應萬事, 便是明得自家明德了. 若只是解說'虛靈不昧'是如何, '具衆理'是如何, '應萬事'又是如何, 卻濟得甚事!"

대답: 그렇게 해설할 필요 없다. 그저 이 명덕이 어떤 물건인지 인식하고, 자기 자신에게 밀접하게 결부시켜[切身] 공부(工夫)하여 타고난 기질[氣稟]과 물욕(物欲)의 뒤덮음을 제거해야 할 뿐이다. 자신의 허령불매(虛靈不昧)한 한 마음을 잘 간직할 수 있으면 충분히 여러 이치를 갖추어 만사에 대응할 수 있으니, 이것이 곧 자신의 명덕을 밝히는 것이다. 만약 그저 '허령불매'는 이러이러하고, '구중리'는 이러이러하고, '응만사'는 또 이러이러하다고 해설하기만 한다면 대체 무얼 해낼 수 있겠나?

又問: "明之之功, 莫須讀書爲要否?"

다시 질문: 명덕을 밝히는 노력으로는 혹시[莫須][1] 독서가 핵심인 것 아닙니까?

曰: "固是要讀書. 然書上有底, 便可就書理會; 若書上無底, 便著就事上理會; 若古時無底, 便著就而今理會. 蓋所謂明德者, 只是一個光明底物事. 如人與我一把火, 將此火照物, 則無不燭. 自家若滅息著, 便是暗了明德; 能吹得著時, 又是明其明德. 所謂明之者, 致知·格物·誠意·正心·修身, 皆明之之事, 五者不可闕一. 若闕一, 則德有所不明. 蓋致知·格物, 是要知得分明; 誠意·正心·修身, 是要行得分明. 然旣明其明德, 又要功夫無間斷, 使無時而不明, 方得. 若知有一之不盡, 物有一之未窮, 意有頃刻之不誠, 心有頃刻之不正, 身有頃刻之不修, 則明德又暗了. 惟知無不盡, 物無不格, 意無不誠, 心無不正, 身無不修, 卽是盡明明德之功夫也."

<燾>.

대답: 물론 독서는 해야 한다. 그러나 책에 있는 것은 책에서 살필[理會] 수 있지만, 책에 없는 것은 실제 사태에서 살펴야 하고,[2] 고대에 없었던 것은 지금의 상황에서 살펴야 한다. 대개 이른바 명덕이란 것은 하나의 광명(光明)한 물건일 뿐이다. 마치 누군가가 나에게 횃불을 하나[3] 주었는데 내가 그 불을 가지고 사물을 조명[照]하면 밝아지지[燭] 않는 것이 없는 것과 같다.[4] 자기가 그 불을 꺼뜨리면 명덕을 어둡게 하는 것이요, 훅 불어 불을 다시 살려낼 수 있으면 이 명덕을 다시 밝히는 것이다. 이른바 밝힌다는 것은 치지(致知), 격물(格物), 성의(誠意), 정심(正心), 수신(修身) 모두가 밝히는 일이다. 이 다섯 가지 중 하나라도 빠지면 안 된다. 하나라도 빠지게 되면 덕에 밝지 않은 곳이 남는다. 치지와 격물은 분명하게 알고자 하는 것이고, 성의, 정심, 수신은 분명하게 행하려는 것이다. 그러나 명덕을 밝힌 후에도 또 중단없이 노력하여 그것이 한 순간도 어두워지지 않도록 해야만 한다. 만약 앎에 다하지 못한 점이 하나라도 있거나, 파고들지 못한 사태와 사물이 하나라도 있거나, 의지[意]가 잠시라도 진실하지 못하거나, 마음[心]이 잠시라도 바르지 않거나, 몸이 잠시라도 닦이지 않으면 명덕은 다시 어두워져 버린다. 오로지 앎에 남김이 없고, 파고들지 못한

사태와 사물이 없고, 생각에 진실하지 못한 지점이 없고, 마음에 바르지 않음이 없으며, 몸에 닦이지 않은 데가 없을 때라야 명명덕의 공부(工夫)를 남김없이 다한 것이다. <도(燾)의 기록>(70세).

주석

1 송사(宋史) 악비전(岳飛傳)에 등장하여 훗날 유명해진 문구이다. 남송의 명장 악비(岳飛, 1103~1142)를 체포하여 사형에 처하려는 진회(秦檜, 1091~1155)에게 한세충(韓世忠, 1089~1151)이 '죄상이 무엇이냐'고 따지자 진회가 '아마도 (죄가) 있을 것 같습니다[莫須有]'라고 하였다. 현대 중국어 '예쉬(也許)'와 같다.

2 '변저(便著)'는 '변(便)'과 같다.

3 '일파화(一把火)'에서 '파(把)'는 수량사이다.

4 햇불이 명덕이고 준 쪽은 하늘, 받은 쪽이 사람이다.

14:86

問: "大學注言: '其體虛靈而不昧; 其用鑒照而不遺.' 此二句是說心, 說德?"

질문: 대학(大學)의 주석[1]에서 '그것의[2] 본체[體]는 텅 비고 영묘[虛靈]하여 어둡지 않다. 그것의 작용[用]은 (사물의 상을) 감조(鑒照)하여[3] 빠뜨림이 없다'고[4] 했습니다. 이 두 구절은 마음[心]에 관한 설명입니까? (밝은) 덕(德)에 관한 설명입니까?

曰: "心, 德皆在其中, 更子細看."

대답: 마음도 덕도 다 그 안에 있다. 더 자세히 보라.

又問: "德是心中之理否?"

재질문: 덕은 마음 속의 이치 아닙니까?[5]

曰: "便是心中許多道理, 光明鑒照, 毫髮不差." <寓>.

대답: 마음 속의 여러 도리가 환하게 빛나고 (사물의 상을) 감조하여 털끝만큼의 오차도 없다는 것이다. <우(寓)의 기록>(61세 이후).

<按: 注是舊本.>[6]

<편자주[按][7]: 여기서 말한 '주석'은 대학장구의 예전 판본이다.>

주석

1 대학장구(大學章句)를 말한다.

2 명덕이다

3 감조(鑒照)는 대개 '비추다' 정도로 번역한다. 하지만 이는 발광체가 대상을 향해 빛을 조사(照射)하는 것이 아니라 거울 앞에 서면 거울이 내 모습을 보여주는 것과 같은 '비춤'이다. 감(鑒)은 본래 얼굴을 비추어 볼 용도로 물을 받아 놓는 청동기의 이름이다.

4 통행본 대학장구에는 이런 구절이 없다.

5 주희는 인(仁)을 '심의 덕[心之德]'이라고 정의한다. 덕(德)이라는 개념이 심(心)의 속성을 뜻한다면, 명덕(明德)은 (마치 인(仁)이 그런 것처럼) 심의 특정한 속성을 지목하는 말이 아닌지 질문한 것이다.

6 조선고사본에서는 이 부분이 없다.

7 여정덕의 코멘트이다.

14:87[1]

"明德者, 人之所得乎天, 而虛靈不昧, 以具衆理而應萬事者也." 禪家則但以"虛靈不昧"者爲性, 而無"以具衆理"以下之事. <僩>.

'명덕이란 사람이 하늘로부터 얻어 허령불매(虛靈不昧)하고 여러 도리를 갖추어 만사에 대응하는 것이다.'[2] 선가(禪家)에서는 단지 '텅비고 영묘하여 어둡지 않다[虛靈不昧]'만을 본성[性]으로 여길 뿐, '여러 도리를 갖추어' 이하의 부분이 없다.[3] <한(僩)의 기록>(69세 이후).

주석

1 지록의 38:85에 실려 있다.

2 대학장구에서 명덕을 정의한 말이다. 14:84의 주석을 보라.

3 주희에 의하면 선종에서 주장하는 불성(佛性)은 우리 의식[心]의 활동성이다. 이를 달마의 표현을 빌려 '작용시성(作用是性)'이라 한다. '즉심시불(卽心是佛)'이나 '행주좌와어묵동정(行住坐臥語默動靜)', '운수반시(運水搬柴)' 등의 표현 역시 의식의 활동성으로 본성을 정의한 것이다. 다만 이렇게 되면 활동성만 있지 내용성은 없게 된다는 것이 주희의 불만이다. 한정길(2002)을 참조하라.

14:88[1] [2]

問: "'學者當因其所發而遂明之', 是如何?"[3]

질문: '배우는 이는 그것이[4] 발현한 지점에서부터 시작하여 끝내 그

것을[5] 밝혀야 한다'[6]는 것은 무슨 뜻입니까?

曰: "人固有理會得處, 如孝於親, 友於[7]弟; 如水之必寒, 火之必熱, 不可謂他不知. 但須去致極其知, 因那理會得底, 推之於理會不得底, 自淺以至深, 自近以至遠."

대답: 사람은 누구나 본래 이해하고 있는 것들이 있다. 예를 들어 부모에게 효도하고 형제와 우애하고 물은 차갑고 불은 뜨겁다는 것 등을 모른다고 할 수 없다. 다만 바로 그 앎을 지극히 해야 할 뿐이다. 이미 이해한 것에서부터 시작하여 이해하지 못한 것까지, 얕은 곳에서 깊은 곳으로, 가까운 곳에서 먼 곳으로 밀고 나아가야 한다.

又曰: "因其已知之理而益窮之, 以求至乎其極." <廣>.

다시 대답: '이미 아는 이치에서 시작하여 더 깊이 파고들어 그 극한까지 도달하기를 추구하라.'[8] <광(廣)의 기록>(65세 이후).

주석

1 지록 2:136에 실려 있다.

2 일역판의 교감기에서 이 조목이 조선고사본에 실려있지 않다고 한 것은 잘못이다.

3 이 부분은 조선고사본에서는 다음과 같이 자세하게 적었다. '누군가의 질문: 개정본 대학장구에서 "하지만 그 본체의 밝음은 일찍이 쉰 적이 없다"고 쓰셨는데, 초본(初本)에서도 이렇게 쓰셨다고 기억합니다. 대답: 나중에 고친 것이다. 이제는 이것이 본령이라 이렇게 설파하지 않을 수 없다고 생각했다. (질문): 지금 개정본에서 또 " 배우는 이는 그것이 발현한 지점에서부터 시작하여 끝내 그것을 밝혀야 한다'고 한 것은 무슨 뜻입니까?(或問: 所

改大學章句云 "然其本體之明, 則有未嘗息者." 記得初本是如此 曰: 後來改了. 今思得此是本領, 不可不如此說破. 今改本又云 "學者當因其所發而遂明之", 是如何?)' 지록 2:136 쪽도 조선고사본과 거의 동일하다. 지록에는 '今改本又云' 앞에 '문(問)'이 더 있다.

4 명덕을 말한다.

5 명덕을 말한다.

6 대학장구(大學章句). 경(經).

7 지록에서는 '어(於)'를 '형(兄)'으로 적었다.

8 대학장구(大學章句) 전 5장.

14:89

[1]問: "'大學之道, 在明明德'. 此'明德', 莫是'天生德於予'之'德'?"

(나의) 질문: '대학(大學)의 도는 명덕(明德)을 밝히는 것에 있다'에서 이 '명덕'은 혹시 (논어에서 말한) '하늘이 나에게 준 덕[天生德於予]'[2]의 그 '덕' 아닙니까?

曰: "莫如此問, 只理會明德是我身上甚麼物事. 某若理會不得, 便應公'是"天生德於予"之"德"?', 公便兩下都理會不得. 且只就身上理會, 莫又引一句來問. 如此, 只是紙上去討."

대답: 그런 식으로 질문하지 말라. 그저 명덕이 자기 자신에게 있어 무슨 물건인지 헤아려 보라[理會]. 만약 내가 제대로 헤아리지[理會] 못하고 그대의 '하늘이 나에게 준 덕의 그 덕 아닙니까'라는 질문에 그렇다고 답해버렸다면 그대는 양쪽[3] 모두 이해하지 못하게 되었을 것이다. 우선 자기 일신상에서 헤아려 보고, 더는 다른 글귀를 끌고 와

서 질문하지 말라. 그런 식으로 질문하는 것은 단지 종이 위에서 (명덕을) 찾는 것일 뿐이다.

又曰: "此明德是天之予我者, 莫令汙穢, 當常常有以明之." <驤>[4].

다시 대답: 이 명덕은 하늘이 나에게 준 것이므로 더럽히지 말고 항상 밝힐 수 있어야 한다. <양(驤)의 기록>(60세 혹은 65세).

주석

1 조선고사본에서는 이 앞에 '양(驤)'이 더 있다. 기록자 본인의 이름이다.

2 논어 7:22.

3 고문해의에 의하면 이는 대학의 명덕과 논어의 덕 양쪽을 말하는 것이다.

4 조선고사본에서는 기록자가 '도부(道夫)'이다.

14:90

[1]**問: "'明[2]明德'意思, 以平旦驗之, 亦見得於天者未嘗不明."**

(나의) 질문: '명명덕(明明德)'의 의미를 새벽녘에[3] 실증해보면 역시 하늘로부터 온 것은 밝지 않은 적이 없음을 알 수 있습니다.

曰: "不要如此看. 且就明德上說, 如何又引別意思證? 讀書最不要如此."

대답: 그렇게 보아선 안 된다. 명덕만 가지고서 말할 것이지 왜 다른 의미를 끌어와 실증하는가? 독서는 결코 그렇게 해서는 안 된다.

賀孫遂就明德上推說.
내(賀孫)가 마침내 명덕만 가지고서 미루어 설명했다

曰: "須是更仔細, 將心體驗. 不然, 皆是閑說." <賀孫>.

선생의 대답: 더욱 자세히 살펴보고 자기 마음으로 체험(體驗)해야 한다. 그렇게 하지 않으면 모두 한가한 소리이다. <하손(賀孫)의 기록>(62세 이후).

주석

1 조선고사본에서는 이 앞에 '하손(賀孫)'이 더 있다.

2 조선고사본, 성화본, 조선정판본에서는 '명(明)' 하나가 없다.

3 맹자6A:8. 평단(平旦)은 맹자(孟子)에서 이른바 야기(夜氣)이다. 낮동안 자신의 선한 본성을 억압하고 괴롭혀도 밤사이 쉬고 나서 새벽을 맞이하면 희미하게 소생한다는 말이다. 주희는 주석에서 '평단지기는 사물과 아직 접하지 않았을 적의 맑고 밝은 기운이다'라고 하였다. 이에 대한 다카하시 도루는 '깊은 밤에 모든 소리가 고요해 모든 번뇌와 분별이 그치고 오직 온몸에 담연청허한 기분이 충만한 것을 느끼는 그 순간의 가장 깨끗한 내부 감각'이라고 설명했는데 역시 참고할 만하다(다카하시 도루, 2001) p.180.

14:91

傳敬子說"明明德".

부경자(傳敬子)[1])가 명명덕(明明德)을 해설했다.

曰: “大綱也是如此. 只是說得恁地孤單, 也不得. 且去子細看. 聖人說這三句, 也且大概恁地說, 到下面方說平天下至格物八者, 便是明德新民底工夫. 就此八者理會得透徹, 明德 · 新民都在這裏. 而今且去子細看, 都未要把自家言語意思去攙他底. 公說胸中有箇分曉底, 少間捉摸不著, 私意便從這裏生, 便去穿鑿. 而今且去熟看那解, 看得細字分曉了, 便曉得大字, 便與道理相近[2]. 道理在那無字處自然見得. 而今且說格物, 這箇事理[3], 當初甚處得來? 如今如何安頓它? 逐一只是虛心去看萬物之理, 看日用常行之理, 看聖賢所言之理.” <夔>[4].

대답: 큰 줄기[大綱]는 그렇다. 단 그렇게 (구체성을 결여하고) 공허하게[孤單][5] 말해서는 안 된다. 우선 더 자세히 보아라. 성인이 이 세 구절을[6] 가지고 우선 큰 줄기가 이러이러함을 설명하였다. 그 아래에 가서 설명한 평천하(平天下)부터 격물(格物)까지 여덟 조목은 곧 명덕(明德)과 신민(新民)의 공부(工夫)이다. 이 여덟 조목을 투철하게 이해하면 명덕과 신민은 모두 그 안에 있다. 이제 한 번 자세히 보라. 아직은 조금도 자신의 말과 생각을 끌어와서 경전에다 섞지 말라. 그대는 가슴속에 분명해진 것이 있다고 하지만, 잠시라도 붙잡은[捉摸] 것이 헐거워지면 사의(私意)가 바로 이 안쪽에서 생겨나서 천착(穿鑿)하게 되어버린다. 이제 우선 주석을[7] 숙독하라. 작은 글자가[8] 분명해지면 큰 글자를[9] 이해하게 되고 도리에 가까워진다. 도리는 저 글자 없는 곳에서[10] 자연히 알게 된다. 이제 격물을 가지고 말하자면[11] 이 사리(事理)는 애초에 어디서 얻었나? (얻었으면) 이제 어디다 두어야 하나? 하나씩 하나씩 마음을 비우고 만물의 이치를 보라. 일상 속에서 늘 실천하고 있는 이치를 보라. 성현이 말한 이치를 보라. <기(夔)의 기록>(68세 이후).

1 주희의 문인 부정(傅定). 자는 경자(敬子).

2 조선고사본에서는 이 뒤에 '료(了)'가 더 있다.

3 조선고사본과 만력본에서는 '리(理)'를 '물(物)'로 적었다.

4 조선고사본, 성화본, 조선정판본에서는 이 뒤에 손(孫)자가 더 있다.

5 일역판에서는 견식과 시야의 협소함을 의미한다고 풀었다. 하지만 주희는 종종 이 단어를 가지고 형이하의 질감을 결여한 개념놀이의 공허함을 지시하고 있다. 52:71에서 '도의는 텅 빈 (형이상의) 물건이라 본래 고단하다(道義是虛底物, 本自孤單)'고 하였고 117:44에서 '하학은 하지 않고 상달만 하면 실제로 해낼 수 있는 일이 전혀 없어 고단하고 말라 비틀어질 것이다(不要理會下學, 只理會上達, 卽都無事可做, 恐孤單枯燥).'라고 하였다.

6 대학의 삼강령인 '명명덕', '신민', '지어지선'을 말한다.

7 대학장구(大學章句)를 말하는 것으로 보인다.

8 주석을 말한다. 전통적인 목판인쇄본에서 경전의 본문은 큰 글자로, 주석은 약 1/4크기의 작은 글자로 새긴다.

9 경전의 본문을 말한다.

10 주석도 본문도 아닌 실제로 자신이 살아가는 세상을 말한다. 형이상의 세계를 말하는 것이 아님을 주의하라.

11 격물은 가장 구체적인 곳에 몸소 접근하여 도리를 파악하려는 노력이다. 계속해서 공부의 구체성을 강조하기 위해 이렇게 말한 것이다.

14:92

明德, 謂本有此明德也. "孩提之童, 無不知愛其親; 及其長也, 無不知敬其兄." 其良知·良能, 本自有之, 只爲私欲所蔽, 故暗而不明. 所謂"明明德"者, 求所以明之也. 譬如鏡焉: 本是箇明底物, 緣爲塵昏,[1]故不能照; 須是磨去塵垢, 然後鏡復[2]明也. "在新民", 明德而後能新民. <德明>.

명덕(明德)이란, (우리가) 본래 이 밝은 덕을 가지고 있다는 말이다. '어른 손을 잡고 다닐 무렵의 아이들[孩提之童] 중에 부모를 사랑할 줄 모르는 이 없고, 더 자라서는 형을 공경할 줄 모르는 이 없다.'[3] 이 착한 앎[良知]과 착한 능력[良能]은 본래부터 가지고 있는 것이요[4] 다만 사욕(私欲)에 뒤덮였기 때문에 어두워졌을 뿐이다. 이른바 명명덕(明明德)이란 그것을 밝히기를 추구하는 것이다. 비유하자면, 거울은 본래 밝은 것이지만[5] 먼지[塵][6]에 가려서 흐려졌기[昏][7] 때문에 비추지[照][8] 못하는 것이다. 진구(塵垢)를 갈아내고 닦아낸 뒤에야 거울은 다시 밝아진다. (삼강령 가운데 두 번째인) '신민(新民)에 있다'란, 덕을 밝힌 후에야 백성을 새롭게 할 수 있는 것이다. <덕명(德明)의 기록>(44세 이후).

<以下明德新民.>

<이 아래로는 명덕과 신민에 관한 조목들>

주석

1 조선고사본에서는 이 자리에 '각(却)'이 더 있다.

2 조선고사본에서는 '부(復)'가 없다.

3 맹자 7A:15.

4 맹자 7A:15. 맹자는 사람이 후천적으로 배웠거나 혹은 곰곰이 생각해볼 필요도 없이 이미 알고 있는 도덕률과 그것을 실천할 수 있는 능력을 양지와 양능이라고 하였다. 바로 위에서 언급한 부모를 향한 아이의 사랑 같은 것이다.

5 발광체라는 뜻이 아니라 반사력이 있다는 뜻이다.

6 번역은 '먼지'라고 했지만 진(塵), 혹은 진구(塵垢)는 구리나 청동 따위로 만든 금속성 거울에 생기는 녹 따위를 포함한다. 살살 문질러서 지워질 물건은 아니고 사포나 숫돌 등을 사용하여 갈아버려야 한다.

7 혼(昏)은 조도(照度)가 낮다는 뜻일 수도 있고, 금속제 거울이 퇴색하여 사물을 잘 반영하지 못한다는 뜻일 수도 있다. 여기서는 후자로 보았다.

8 조(照)는 적극적으로 빛을 투사(light-projecting)하는 행위를 말하기도 하고, 그렇게 투사한 빛으로 특정 부분을 조명(to illuminate)하는 행위를 말하기도 하고, 사물의 상을 반영(to reflect)하는 행위를 말하기도 한다. 여기서는 반영으로 보았다.

14:93

或問: "明德新民, 還須自家德十分明後, 方可去新民?"

누군가의 질문: 명덕과 신민의 경우, 반드시 자신의 덕을 완전히 밝힌 후에야 백성을 새롭게 할 수 있는 것입니까?

曰: "不是自家德未明, 便都不管著別人, 又不是硬要去新他. 若大段新民, 須是德十分明, 方能如此. 若小小效驗, 自是自家這裏如此, 他人便自觀感. '一家仁, 一國興仁; 一家讓, 一國興讓', 自是如此." <子蒙>.

대답: 자신의 덕이 밝아지기 전에는 다른 사람을 전혀 돌보지 않는다는 말이 아니요, 그렇다고 또 무리해서[硬] 백성을 새롭게 하라는 것도 아니다. 만약 백성을 대규모로 새롭게 하려거든 반드시 덕이 100% 밝아야만 그렇게 할 수 있다. 소소한 스케일의 효험(效驗)의 경우, 자신의 안쪽[這裏]이 이러이러하면[1] 다른 사람들이 보고 자연히 감화된다

[觀感]. '한 집안이 인(仁)하면 그 나라 전체에서 인이 흥하고, 한 집안이 겸양[讓]하면 그 나라 전체에서 겸양이 흥한다.'[2] 자연히 이러하다.

<자몽(子蒙)의 기록>(미상).

주석

1 자신의 명덕이 밝다는 말이다.

2 대학장구(大學章句) 전9장

14:94[1]

問: "明德新民, 在我有以新之. 至民之明其明德, 卻又在它?"

질문: 명덕(明德)과 신민(新民)의 경우, 나에게 달린 것이야 내가 새롭게 할 수 있겠지만 백성이 자기들의 명덕을 밝히는 것은 오히려 그들 자신에게 달린 것 아닙니까?

曰: "雖說是明己德, 新民德, 然其意自可參見. '明明德於天下', 自新以新其民, 可知." <寓>[2].

대답: 비록 자신의 덕을 밝히고 백성의 덕을 새롭게 한다고 말하긴 했지만 그 뜻은 양자를 연결하여 보아야 한다. '천하에 명덕을 밝힌다[明明德於天下]'[3]고 한데서 자신을 새롭게 함으로써 백성을 새롭게 하는 것임을 알 수 있다. <우(寓)의 기록>(61세 이후).

주석

1 이 조목은 고문해의에서 지적한 것처럼 14:117과 거의 같은 내용이니 참조

하라.

2 조선고사본에서는 기록자를 밝히지 않고 있다.

3 대학(大學) 경(經). 명덕을 나 홀로 밝히는 게 아니라 천하에 밝힌다고 했으니 명덕과 신민을 연결하여 말한 것이다.

14:95

蜚卿問: "新民, 莫是'修道之謂教', 有以新之否?"

비경(蜚卿)[1]의 질문: 신민(新民)은, '도를 닦는 것을 가르침이라고 한다'[2]의 측면에서 새롭게 할 수 있는 것 아닙니까?

曰: "'道之以德', 是'明明德'; '齊之以禮', 是以禮[3]新民, 也是'修道之謂教'. 有禮樂 · 法度 · 政刑, 使之去舊汙也." <驤>[4].

대답: '덕으로써 인도하는 것'[5]은 명명덕(明明德)이며, '예로써 가지런히 다스리는 것'[6]은 예를 가지고 신민(新民)하는 것이요, 또한 '도를 닦는 것을 가르침이라고 한다'는 것이다. 예악(禮樂), 법도(法度), 형정(刑政)을 두어 백성들이 기왕의 오염을 제거하도록 하는 것이다.

<양(驤)의 기록>(60세 혹은 65세).

주석

1 주희의 제자 동백우(童伯羽, 1144~1190). 자는 비경.

2 중용(中庸) 제 1장. 14:58의 주석을 참조하라.

3 조선고사본에서는 '이례(以禮)'를 '재(在)'로 썼다. 어느 쪽으로 보아도 말이 된다.

4 조선고사본에서는 기록자가 '도부(道夫)'이다.

5 논어 2:3.

6 위와 같음.

14:96

至善, 只是十分是[1]處. <賀孫>.

지선(至善)은 100% 옳은 지점이다. <하손(賀孫)의 기록>(62세 이후).

<以下止至善.>[2]

<이 밑으로 지어지선(止於至善)에 관한 조목들>

주석

1 조선고사본에서는 '시(是)'를 '막(莫)'으로 적었다. '시'가 옳다.

2 조선고사본에서는 이 부분이 없다.

14:97

至善, 猶今人言極好. <方子>.

지선(至善)은 요즘 말로 '최고로 좋다[極好]' 같은 것이다.

<방자(方子)의 기록>(59세 이후).

14:98[1)]

凡曰善者, 固是好. 然方是好事, 未是極好處. 必到極處, 便是道理十分盡頭, 無一毫不盡, 故曰至善. <僩>.

무릇 선(善)이라고 하는 것은 물론 좋은 것이긴 하다. 하지만 간신히 좋은 것[2)]이지 아직 최고로 좋은 지점은 아니다. 반드시 최고로 좋은 지점에 도달해야 도리가 0.1%[3)] 도 남김 없이 100% 완전해 진다.[4)] 그래서 지선(至善)이라고 한다. <한(僩)의 기록>(69세 이후).

주석

1 지록 38:79에 실려 있다.

2 '방시(方是)'는 '겨우', '조금' 정도로 풀이할 수 있다. 간신히 '좋음'의 합격선을 넘은 정도라는 뜻이다.

3 '호(毫)'는 대개 '털끝만큼'으로 옮기지만, 동시에 공예 등에서 쓰이는 단위이기도 하다. 단위로 쓰일 때는 기준 단위의 1/1000, 곧 0.1%를 뜻한다. 14:27의 주석을 보라.

4 '진두(盡頭)'는 지극한 지점, 완전한 것의 의미이다. 18:94를 참조하라.

14:99[1)]

至善是極好處. 且[2)]如孝: 冬溫夏凊, 昏定晨省, 雖然是孝底事, 然須是能'聽於無聲, 視於無形', 方始是盡得所謂孝. <履孫>.

지선(至善)은 최고로 좋은 지점이다. 예컨대 효(孝)같은 경우 '겨울에 따뜻하게 해드리고 여름에 시원하게 해드리고 아침저녁으로 자리를 살피고 문안하는 것'[3]이야 물론 효행이긴 하지만 반드시 '부모님 안 계신 곳에서도 그 목소리가 들리고 모습이 보일 지경[聽於無聲, 視於無形]'[4]이어야 이른바 효(孝)라는 것을 완전히 다한 것이다. <리손(履孫)의 기록>(65세).

주석

1 지록 32:9에 실려 있다.

2 지록에서는 이 뒤에 '지(只)'가 더 있다.

3 14:81의 주석을 참조하라.

4 예기(禮記) 곡례상(曲禮上). '사람의 아들 된 자는 …… 부모님 안 계신 곳에서도 그 목소리가 들리고 모습이 보여야 하며, 높은 곳에는 오르지 않고 깊은 곳에는 임하지 않아야 한다. (爲人子者 …… 聽於無聲, 視於無形, 不登高, 不臨深.)'

14:100

至善是个最好處. 若十件事做得九件是, 一件不盡, 亦不是至善. <震>.

지선(至善)은 가장 좋은 지점이다. 열 건 가운데 아홉 건은 옳게 처리하고 한 건을 미진하게 했다면 역시 지선(至善)은 아닌 것이다.

<진(震)의 기록>(65세).

14:101

說一箇"止"字, 又[1]說一箇"至"字, 直是要到[2]那極至處而後止. 故曰: '君子無所不用其極'也. <德明>.

('止於至善'에는) '머물다[止]'라는 글자도 있고 '지극하다[至]'라는 글자도 있으니 지극한 지점에 도달하고 나서야 멈추라는 것이다. 그러므로 '군자는 모든 경우 최선[極]을 다한다'[3]고 하였다.

<덕명(德明)의 기록>(44세 이후).

주석

1 조선고사본에서는 '우(又)'를 '일인(一人)'으로 적고 있는 것처럼 보이는데, 글자간 간격으로 짐작컨대 단순 실수인 듯하다.

2 조선고사본에서는 '도(到)'를 '지(至)'로 적었다.

3 대학(大學) 전 2장.

14:102[1]

善, 須是至善始得. 如通書"純粹至善", 亦是. <泳>.

선(善)은 지선(至善)이어야만 한다. 통서(通書)의 '순수지선(純粹至善)'도 같은 뜻이다.[2] <영(泳)의 기록>(66세).

주석

1 지록 33:9에 실려 있다.

2 통서(通書) 성상 제 1(誠上第一). '하늘의 도가 변하고 화하여 각각의 성명이 바르게 된다. 참됨[誠]이 이에 바로 서니, 순수지선한 것이다.(乾道變化, 各正性命, 誠斯立焉, 純粹至善者也)'

14:103

問[1]: "'必至於是而不遷', 如何?"

질문: '반드시 여기에 이르러 자리를 옮기지 않는다'[2]는 것은 무슨 의미입니까?

曰: "未至其地, 則[3]求其至; 旣至其地, 則不當遷動而之它也."

<德明>.

대답: 그 지점에 이르기 전에는 반드시 그 지점에 이르기를 추구하고 그 지점에 이른 뒤에는 다른 지점으로 옮겨 가서는 안 된다.

<덕명(德明)의 기록>(44세 이후).

주석

1 조선고사본에서는 이 뒤에 '장구에서 지 자를 해석하며 말하길(章句中解止字云)'이 더 있다.

2 대학장구(大學章句) 경(經).

3 조선고사본에서는 '즉(則)'을 '이(而)'로 썼다. '즉' 쪽이 더 적절하다.

14:104

問[1]: "'止於至善', 向承[2]教, 以爲君止於仁, 臣止於敬, 各止其所而行其所止之道. 知此而能定. 今日先生語竇文卿, 又云: '"坐如尸", 坐時止也; "立如齊", 立時止也.' 豈以自君臣父子推之於萬事, 無不各有其止?"

질문: '지어지선'은 저번에 가르쳐주시기로 '임금이 되어서는 인(仁)에 머물고 신하가 되어서는 경(敬)에 머문다. 각각 (최선의) 자리에 머물러 그 머문 바 도리를 실천한다. 이것[3]을 알면 심지가 확정[定][4]될 수 있다.'고 하셨습니다. 오늘 선생님께서 두문경(竇文卿)[5]에게 또 말씀하시기를 ' "시동(尸童)[6]처럼 앉으라"는 것은 앉아있을 때의 최선의 머물 지점(止)이요 "제사 모시듯 서 있으라"[7]는 것은 서있을 때의 최선의 머물 지점(止)이다.'라고 하셨습니다. 이는, 임금과 신하, 아비와 자식의 관계에서부터 세상 만사로 미루어 보면 각각의 사태에 최선의 머물 지점이 없는 경우가 없다는 것입니까?

曰: "固然. '定公問[8]君使臣, 臣事君. 子曰: "君使臣以禮; 臣事君以忠." '君與臣, 是所止之處; 禮與忠, 是其所止之善. 又如'視思明, 聽思聰, 色思溫, 貌思恭'之屬, 無不皆然." <德明>.

대답: 물론 그렇다. '노(魯)나라 정공(定公)이 임금이 신하를 부리고 신하가 임금을 섬기는 법에 대해 묻자 공자(孔子)가 말하기를 임금은 신하를 예로 부리고 신하는 임금을 충으로 섬긴다'고 하였다.[9] '임금'과 '신하'는 멈춘 지점이다. '예'와 '충'은 머물러야 할 최선이다. 또 '볼 때는 밝게 보고자 하고 들을 때는 분명히 듣고자 하고 낯빛은 부드럽게 하고자 하고 용모는 공손히 하고자 한다'는 등이 모두 그러하다.[10]

<덕명(德明)의 기록>(44세 이후).

주석

1 조선고사본에서는 이 뒤에 '재(在)'가 더 있다.

2 조선고사본에서는 이 뒤에 '견(見)'이 더 있다.

3 머물 자리를 말한다.

4 마음의 향방이 분명히 정해져서 안정되고 편안함을 말한다. 14:142를 참조하라.

5 주희의 제자 두종주(竇從周).

6 과거 제사를 지낼 적에 제사를 받는 귀신이 빙의할 몸 역할을 맡은 어린아이를 말한다.

7 예기(禮記) 곡례상(曲禮上). '장부처럼 되고 싶거든 시동처럼 앉고 제사 모시듯 서라.(若夫, 坐如尸, 立如齊)'

8 조선고사본에서는 이 뒤에 '공자(孔子)'가 더 있다.

9 논어 3:19.

10 논어 16:10.

14:105

問[1]至善[2].

지선(至善)에 대하여 물었다.

先生云: "事理當然之極也."

선생의 대답: 사리(事理)상 지극히 마땅한 것이다.

"恐與伊川說'艮其止, 止其所也'之義一同. 謂有物必有則, 如父止於慈, 子止於孝, 君止於仁, 臣止於敬, 萬物庶事莫不各有[3]其所. 得其所則安, 失其所則悖. 所謂'止其所'者, 卽止於至善之地也."

이천(伊川)[4]이 말한 '간기지(艮其止)라 함은 제자리에 멈춘다는 것이다'와 뜻이 일치하는 듯합니다. (이천은 해당 부분에서 대략 다음과 같이) 말했습니다. 어떤 사건/사물이 있으면 그 사건/사물에는 반드시 규칙이 있습니다. 예컨대 아버지는 자애로움에 머물고 자식은 효에 머물고 임금은 인에 머물고 신하는 경에 머무는 등 세상 모든 사건과 사물이 자기가 머물 '제자리'를 가지고 있습니다. 제자리를 얻으면 편안하고 제자리를 잃으면 어그러집니다.[5] 이른바 '제자리에 머문다[止其所]'란 곧 최선의 자리에 머문다는 말입니다.

曰: "只是要[6]如此." <卓>.

대답: 그렇게 해야 한다. <탁(卓)의 기록>(미상).

주석

1 조선고사본에서는 이 뒤에 '재지어지선(在止於至善)'이 더 있다.

2 조선고사본에서는 이 뒤에 '자(者)'가 더 있다.

3 조선고사본, 성화본, 만력본, 화각본, 조선정판본에서는 '유(有)'를 '득(得)'으로 썼다.

4 정이(程頤).

5 이 발언 전체가 주역(周易) 간(艮)괘 단전(彖傳)에 대한 이천역전(伊川易傳)의 주석을 요약한 것이다. ' "간기지(艮其止)"는 멈출 때에 멈춘다는 말이니, 멈출 때에 잘 멈출 수 있는 것은 제자리에 멈추었기 때문이다. 멈춤에 제자리를 얻지 못하면 멈출 수 있을 리가 없다. 부자(夫子)가 "멈춤에 멈출 곳을 안다." 하였으니, 마땅히 멈추어야 할 곳을 이른다. 어떤 사건/사물이 있으면 거기에는 반드시 규칙이 있으니, 아버지는 자애로움에 머물고, 자식은 효(孝)에 머물고, 임금은 인(仁)에 머물고, 신하는 경(敬)에 머무는 등 세상 모든 사건과 사물이 자기가 머물 제자리를 가지고 있다. 제자리를 얻으면 편안

하고 제자리를 잃으면 어그러진다.(艮其止, 謂止之而止也, 止之而能止者, 由止得其所也. 止而不得其所, 則无可止之理. 夫子曰 "於止, 知其所止." 謂当止之所也. 夫有物, 必有則, 父止於慈, 子止於孝, 君止於仁, 臣止於敬, 万物庶事, 莫不各有其所, 得其所則安, 失其所則悖.)'

6 조선고사본에서는 '요(要)'가 없다.

14:106[1]

或[2]問: "何謂明德?"

누군가의 질문: 무엇을 명덕(明德)이라 합니까?

[3]曰: "我之所得以生者, 有許多道理在裏, 其光明處, 乃所謂明德也. '明明德'者, 是直[4]指全體之妙. 下面許多節目, 皆是靠明德做去."

대답: 우리가 얻어서 태어난 것으로, 수많은 도리가 그 안에 있으니, 그 밝게 빛나는 곳이 바로 이른바 명덕이다. '명덕을 밝힌다'는 것은 전체(全體)의 오묘함[妙][5]을 지칭한 것이다. 그 이하 여러 세부 항목들은[6] 모두 명덕에 의지하여 해나가는 것들이다.

又問: "旣曰明德, 又曰至善, 何也?"

재질문: 이미 명덕이라고 했으면서 다시 지선(至善)이라고 하는 것은 어째서입니까?

曰: "明得一分, 便有一分; 明得十分, 便有十分; 明得二十分, 乃是極至處也."

대답: 10퍼센트를 밝히면 10퍼센트를 얻고 100퍼센트를 밝히면 100퍼센트를 얻는다. 200퍼센트 밝힌 것이 바로 지극한 지점이다.

又曰: "明德是下手做, 至善是行到極處." [7)]

내가 다시 말함: '명덕'은 착수하는 것이고 '지선'은 지극한 곳에 도달한 것입니다.[8)]

又曰: "至善雖不外乎明德, 然明德亦有略略明者, 須是止於那極至處." <銖>.[9)]

다시 대답: 지선이 비록 명덕 밖에 있지 않지만 명덕의 밝기가 희미한 경우가 있으니 반드시 저 지극한 곳에 도달하여 머물러야 한다.

<수(銖)의 기록>(67세 이후).

<以下明德止至善.>[10)]

<이 아래로는 명덕과 지어지선에 관한 조목들>

주석

1 14:67과 일부 겹치니 참고하라.

2 조선고사본에서는 '혹(或)'이 없다.

3 조선고사본에서는 이 앞에 '선생(先生)'이 더 있다.

4 조선고사본에서는 '직(直)'이 없다.

5 '전체'는 본체의 완전성을 의미한다. '묘'는 대개 작용[用]을 형용하는 말이다. 본체가 현상으로 현현하여 작동하는 양상이 대단히 정교하고 광대하여 사람의 인식으로 측량하기 어려울 때 이를 두고 찬탄하는 표현이다. '묘용(妙用)', '대용(大用)' 등으로 쓴다.

6 팔조목 등을 말한다.

7 조선고사본에서는 이 뒤에 작은 글씨로 '수(銖)'라고 적혀있다. 이 문장의 발화자가 기록자인 동수 본인이라고 표시한 듯하다. 여기서도 이 기록을 따라 풀이했다.

8 전자를 공부(工夫)로, 후자를 경지(境地)로 본 것이다.

9 이 마지막 대답은 14:167의 마지막 대답과 일치한다.

10 조선고사본에서는 이 주석이 한 조목 앞에 붙어 있다. 문제의 앞 조목은 세 단락으로 구성되어 있는데 제 1단락은 통행본의 14:107, 제 3단락은 60:103에 각각 전재되어 있고 중간의 제 2단락은 통행본에는 보이지 않는다. 여정덕이 해당 조목을 정리하면서 이 주석을 지금의 위치로 옮긴 것으로 보인다. 이 부분에 대한 일역판의 교감기는 정확하지 않으니 주의하라.

14:107

大學只前面三句是綱領. 如"孩提之童, 無不知愛其親; 及其長也, 無不知敬其兄", 此良心也. 良心便是明德, 止是事事各有个止處. 如"坐如尸, 立如齊", 坐立上須得如此, 方止得. 又如"視思明"以下, 皆"止於至善"之意. 大學須自[1]格物入, 格物從敬入最好. 只敬, 便能格物. 敬是個瑩徹底物事. 今人卻塊坐了, 相似昏倦, 要須提撕著[2]. 提撕便敬; 昏倦便是肆, 肆便不敬. <德明>.

대학(大學)은 앞쪽 세 구문이 강령(綱領)이다. 예컨대 '어른 손 잡고 다닐 나이의 어린 아이 중에 자신의 어버이를 사랑할 줄 모르는 이가 없다. 자라고 나서는 자신의 형을 공경할 줄 모르는 이가 없다.'[3]는 것은 착한 마음[良心]이다. 착한 마음이 곧 명덕(明德)이고, 머무르다[止]는 것은 각각의 일마다 머무를 지점이 있다는 말이다. 예를 들어 '앉을 때는 시동(尸童)처럼, 설 때는 제사 지내는 것처럼'[4]의 경우, 앉을 때나 서 있을 때는 응당 이렇게 해야만 '머무르는[止]' 것이다.[5] 또 예를 들어 '보는 것은 밝게 보기를 생각하며' 이하(의 아홉 항목)는 모두 지어지선(止於至善)의 의미이다.[6] 대학은 격물(格物)로 진입해야 하고 격물은 경(敬)으로 진입하는 것이 가장 좋다. 경건[敬]해야만 격물할 수 있다.[7] 경은 밝고 투명한[瑩徹] 것이다. 오늘날 사람들은 반대로 멀뚱히 앉아[8] 흐리멍텅[昏倦]하다. (그래서는 안 되고) 반드시 정신을 번쩍차려야[提撕][9] 한다. 정신을 번쩍차리면 경이다. 흐리멍텅하면 사(肆)[10]이다. 사(肆)는 경(敬)과 정반대이다. <덕명(德明)의 기록>(44세 이후).

주석

1 조선고사본에서는 '자(自)'를 '시(是)'로 적었다.

2 조선고사본, 성화본, 조선정판본에서는 '저(著)'를 '간(看)'으로 썼다. 만력본과 화각본은 '유(有)'로 썼다. 일역판의 교감기에서 지적하듯 만력본의 '유(有)'는 '간(看)'의 오기로 보인다. 조선정판본의 교감기에서는 '간(看)을 저(著)라고 쓴 판본도 있다'고 기록하고 있다. 고문해의에서는 글자에 대한 주석 없이 '간(看)' 뒤에서 구두점을 떼야 한다고만 조언하고 있다.

3 맹자 7A:15.

4 14:104의 주석을 참조하라.

5 가장 좋은 지점에 머무른다는 것은 어떠한 사태에 있어 한 개인이 취할 수 있는 가장 훌륭한 태도를 취함을 말한다. '앉기'라는 행위에 있어 가장 바람직한 것은 시동처럼 가만히 있는 것이라는 말이다.

6 논어 16:10. 역시 각각의 경우에서 최선의 자세는 무엇인지에 관한 말이다. 14:104를 참조하라.

7 경(敬)이 격물의 전제조건이라는 주장은 14:72에서도 보인다.

8 '괴(塊)'는 흙덩이같은 모습이다.

9 '제시(提撕)'에 관해서는 14:68의 주석을 보라.

10 사람의 경우 힘 없이 축 풀어진 모습, 물건의 경우 무질서하게 늘어선 모습이다.

14:108

問: "明德·至善, 莫是一个否?"

질문: 명덕과 지선은 하나 아닙니까?

曰: "至善是明德中有此極至處. 如君止於仁, 臣止[1]於敬, 父止於慈, 子止於孝, 與國人交止於信, 此所謂'在止於至善'. 只是又當知[2]如何而爲止於仁, 如何而止於敬, 如何而止於慈孝, 與國人交之信. 這裏便用究竟一个下工夫處."

대답: 지선은 명덕 안에 있는 지극한 지점이다. 예를 들어 임금은 인(仁)에 머물고 아비는 자(慈)에 머물고 자식은 효(孝)에 머물고 나라의 다른 사람들과 사귐은 신(信)에 머무는 등이 이른바 '재지어지선(在止於至善)'이다. 다만 더 나아가 어떻게 해야 인에 머물 수 있는지, 어떻게 해야 경(敬)에 머물 수 있는지, 어떻게 해야 자(慈)나 효(孝)에 머물고 나라의 다른 사람들과 사귐에 신(信)에 머물 수 있는지 알아야만 한다. 이곳이 궁극적으로 (실제로) 힘을 쓰는[下工夫] 지점이다.

景紹曰: “止, 莫是止於此而不過否?”

경소(景紹)[3]의 말: 지(止)는 그 지점에 멈추어서 (그곳을) 지나쳐 넘어가지 않는다는 뜻 아닙니까?

曰: “固是. 過與不及, 皆不濟事. 但仁[4]敬慈孝, 誰能到得這裏? 聞有不及者矣, 未聞有過於此者也. 如舜之命契, 不過是欲使‘父子有親, 君臣有義, 夫婦有別, 長幼有序, 朋友有信’, 只是此五者. 至於後來聖賢千言萬語, 只是欲明此而已. 這个道理, 本是天之所以與我者, 不爲聖賢而有餘, 不爲愚不肖而不足. 但其間節目, 須當講學以明之, 此所以讀[5]聖賢之書, 須當知他下工夫處. 今人只據他說一兩字, 便認以爲聖賢之所以爲聖賢者止此而已, 都不窮究著實, 殊不濟事. 且如論語相似: 讀‘學而時習之’, 須求其所謂學者如何? 如何謂之時習? 旣時習, 如何便能說? ‘有朋自遠方來’, 朋友因甚而來自遠方? 我又何自而樂? 須著一一與他考究. 似此用工, 初間雖覺得生受費力, 久後讀書甚易爲工, 卻亦濟事.” <道夫>.

대답: 물론 그렇다. 지나쳐 넘어가거나 도달하지 못하거나, 어느 쪽이든 (결국) 해내지 못한 것이다. 그러나 인(仁), 경(敬), 효(孝), 자(慈)의 경우 누가 여기에 도달할 수 있겠나? 도달하지 못한 경우는 들어봤어도 지나쳐 넘어간 경우는 들어보지 못했다. 순(舜)임금이 사도(司徒)[6] 설(契)에게 명한 것도 ‘부자유친, 군신유의, 부부유별, 장유유서, 붕우유신’하게끔 만드는 것, 이 다섯 가지에 지나지 않았다.[7] 후대 성인과 현인의 수많은 말들의 경우도 이 다섯 가지를 밝히고자 했던 것뿐이다. 이 도리는 본래 하늘이 나에게 준 것으로 성인과 현인이라고 더 가지고 있지도 않고 어리석은 사람이라고 부족하게 가지고 있지도

않다. 다만 그 속의 구체적인 절목(節目)들은 반드시 강학(講學)하여 밝혀야 한다. 이것이 성인과 현인의 책을 읽을 때 반드시 (해당 서적 속에서 제시하고 있는) 실제로 힘쓸 지점[下工夫處]이 어디인지 알아야만 하는 이유이다. 요즘 사람들은 그저 (성인과 현인의) 말 한 두 마디 정도에 의거하여 성급히 '성현이 성현인 이유는 바로 이것일 뿐이다'라고 하고는 전혀 착실하게 탐구하지 않기 때문에 아무것도 해내지 못한다. 논어(論語)의 사례로 보자면, '배우고 때때로 익힌다'는 구절을 읽었으면 그 이른바 배운다는 것이 무엇인지, 때때로 익힌다는 건 무슨 소리인지, 때때로 익히고 나면 어째서 곧장 기쁠 수 있는지 알고자 해야 한다.[8] '친구가 멀리서 온다'는 구절을 읽었으면 친구가 왜 멀리서 오는 것인지, 나는 또 왜 즐거운 것인지 반드시 하나하나 그것을 탐구해야 한다. 이렇게 힘을 쓰면 처음엔 비록 대단히 힘들게[生受費力] 느껴지지만 이런 식으로 오래 하고 나면 독서 공부가 매우 쉬워지고 성취하는 것도 있게 된다. <도부(道夫)의 기록>(60세 이후).

주석

1 조선고사본에서는 '지(止)'를 '주(主)'라고 썼다. '지' 쪽이 더 적절하다.

2 조선고사본에서는 이 뒤에 '소위(所謂)'가 더 있다.

3 주희의 제자 정소선(鄭昭先, 1158~1225). 자는 경소, 혹은 경명(景明). 호는 일호(日湖), 시호는 문정(文靖)이다. 후에 벼슬이 우승상(右丞相)에 이른다.

4 조선고사본에서는 '인(仁)'이 없다.

5 조선고사본에서는 이 뒤에 '타(他)'가 더 있다.

6 고대의 직책으로 백성의 교화를 담당한다.

7 서경(書經) 우서(虞書) 순전(舜典) 제 19장. '제순(帝舜)이 말함: "설(契)아! 백성이 친목하지 않고 오품(五品)이 순하지 않으므로 너를 사도(司徒)로 삼으니, 공경히 다섯 가지 가르침을 펴되 너그러움에 있게 하라."(帝曰:契! 百姓不親,

五品不遜, 汝作司徒, 敬敷五教, 在寬.)'

8 논어 1:1.

14:109

"明明德"是知, "止於至善"是守. 夫子曰: "知及之, 仁能守之." 聖賢未嘗不爲兩頭底說話. 如中庸所謂"擇善固執", 擇善, 便是理會知之事; 固執, 便是理會守之事. 至書論堯之德, 便說'欽明', 舜便說'濬哲文明, 溫恭允塞'. 欽, 是欽敬以自守; 明, 是其德之聰明. '濬哲文明', 便有知底道理; '溫恭允塞', 便有守底道理. <道夫>.

명명덕(明明德)은 앎[知]이요 지어지선(止於至善)은 지킴[守]이다. 부자(夫子)께서 '지(知)가 미치고 인(仁)이 지킬 수 있다'[1]고 하셨다. 성현(聖賢)은 늘 두 갈래로 말한다. 예컨대 중용(中庸)에서 이른바 '선을 골라 굳게 잡는다[擇善固執]'[2]의 경우 '선을 골라'는 앎의 일에 힘쓰는[理會] 것이요 '굳게 잡는다'는 지키는 일에 힘쓰는[理會] 것이다.[3] 서경(書經)에서 요(堯)임금의 덕을 논하면서 '흠명(欽明)'이라고 하였고[4] 순(舜)에 대해서는 '준철문명, 온공윤색(濬哲文明, 溫恭允塞)'[5]라고 하였다. '흠'은 경건히 자신을 지키는 것이다. '명'은 그의 덕의 총명(聰明)함이다. '준철문명'에는 앎의 도리가 있고 '온공윤색'에는 지킴의 도리가 있다.

<도부(道夫)의 기록>(60세 이후).

<此條所錄恐有誤.>

<이 조목의 기록에는 오류가 있는 듯하다>[6]

1 논어 15:32.

2 중용 제 20장.

3 리회는 종종 어떤 일을 맡아서 열심히 처리하는 행위를 뜻한다. 예컨대 삼국지연의(三國志演義) 제 46회에서 "주유가 한참 병력을 보내는 일을 처리하고 있을 때에(周瑜正理會進兵之事)…"에서 바로 이런 뜻으로 쓰였다.

4 서경(書經) 우서(虞書) 요전(堯典) 제 1장. 서집전(書集傳)에 따르면 흠은 공경(恭敬), 명은 통명(通明)이다.

5 서경(書經) 우서(虞書) 순전(舜典) 제 1장. 서집전(書集傳)에 따르면 준은 깊음[深], 철은 지혜로움[智], 문은 우아함[文理], 명은 광명[光明]이다. 온은 순수하고 온화함[和粹], 공은 경건하고 공손함[恭敬], 윤은 신실하고 정성스러움[誠信], 색은 독실함[篤實]이다.

6 조선고사본에서는 이 부분이 없다. 여정덕이 첨가한 주석이다. 어떤 부분에서 오류가 있다고 본 것인지는 모르겠다.

14:110

問: "新民如何止於至善?"

질문: 신민(新民)의 영역에서는 어떻게 지어지선(止於至善)합니까?

曰: "事事皆有至善處."

대답: 일마다 모두 지극히 선한[至善] 지점이 있다.

又曰: "'善'字輕, '至'字重." <節>.

다시 대답: '선(善)'자는 가볍고 '지(至)'자는 무겁다.[1)]

<절(節)의 기록>(64세 이후).

<以下新民止[2)]至善.>

<이 아래로 신민과 지어지선에 관한 조목들>

주석

1 주희가 경전을 풀이할 적에 종종 쓰는 표현이다. '지극히 선한'이라는 구문에서 선하다는 파트보다는 지극하다는 파트가 보다 중요하다는 뜻이다.

2 조선고사본에서는 '지(止)'가 없다.

14:111

問: "新民止於至善, 只是要民修身行己, 應事接物, 無不曲當?"

질문: 신민(新民)의 영역에서의 지어지선(止於至善)은 백성들이 스스로를 갈고 닦아 몸소 실천하게 하고, 사태와 사물을 접하고 응대함에 있어서 완전히 마땅하게 하려는 것입니까?

曰: "雖不可使知之, 亦當使由之, 不出規矩準繩之外." <節>.

대답: 비록 (백성들이 도리를) 알게 할 수는 없지만 역시 (도리를) 응당 따르고 실천하게 하여[1)] 법도[規矩準繩][2)]를 넘지 않게 해야 한다.

<절(節)의 기록>(64세 이후).

주석

1 논어8:9.

2 '규구준승(規矩準繩)'은 모두 측량과 제도에 사용하는 기구이다. 지켜야 될 선을 그어주는 물건들이므로 대개 '법도'나 '준칙'을 은유한다.

14:112

"止於至善", 是包"在明明德, 在新民". 己也要止於至善, 人也要止於至善. 蓋天下只是一个道理, 在他雖不能, 在我之所以望他者, 則不可不如是也. <道夫>.

지어지선(止於至善)은 '명명덕(明明德)에 있고 신민(新民)에 있다'를 포함한다. 자기 자신도 지극히 좋은 지점에 멈춰야 하고 남들도 지극히 좋은 지점에 멈춰야 한다. 대개 천하는 하나의 도리일 뿐이니 남들 쪽에서는 비록 그렇게 하지 못한다 하더라도 내 쪽에서 남들에게 거는 기대는 이와 같지 않을 수 없다. <도부(道夫)의 기록>(60세 이후).

<以下明德·新民·至善.>[1)]

<이 아래로는 명덕, 신민, 지어지선에 관한 조목들>

주석

1 조선고사본에서는 이 부분이 없다. 여정덕이 첨가한 주석이다.

14:113

明德 · 新民, 二者皆要至於極處. 明德, 不是只略略地明德[1]便了; 新民, 不是只略略地新得便休. 須是[2]要止[3]於極至處.[4] <賀孫>.

명덕(明德)과 신민(新民) 둘 다 모두 지극한 지점에 이르러야 한다. 명덕은 적당히 밝히고 마는 게 아니다. 신민은 적당히 새롭게 하고 마는 게 아니다. 반드시 지극한 지점에 도달하여 머물러야 한다.

<하손(賀孫)의 기록>(62세 이후).

주석

1 조선고사본, 성화본, 조선정판본에서는 '덕(德)'을 '득(得)'으로 썼다. '득'으로 썼을 때 말이 더 부드럽고 뒤쪽 구문과도 통하여 좋아 보인다. 일역판에서는 '득'으로 간주하고 번역했다. 여기서도 '득'으로 보고 번역했다.

2 조선고사본에서는 '수시(須是)'가 없다.

3 조선고사본에서는 '지(止)'를 '지(至)'로 적었다.

4 조선고사본에서는 이 뒤로도 말이 길게 이어진다. 해당 부분은 통행본 14:142에 실려 있다.

14:114

問[1]: "至善, 不是明德外別有所謂善, 只就明德中到極處便是否?"

질문: 지선(至善)은 명덕(明德) 바깥에 별도로 이른바 '선(善)'이 있는 것이 아니라, 그저 명덕 안에서 지극한 지점에 도달해야 한다는 것 아닙니까?

曰: "是[2]. 明德中也有至善, 新民中也有至善, 皆要[3]到那極處. 至善, 隨處皆有. 修身中也有至善, 必[4]要到那盡處; 齊家中也有至善, 亦[5]要到那盡處. 至善, 只是以其極言. 不特是理會到極處, [6]亦要做到極處. 如'爲人君, 此於仁', 固是一个仁, 然仁亦多般, 須是隨處看. 如這事合當如此, 是仁; [7]那一事又合當如彼, 亦[8]是仁. 若不理會, 只管執一, 便成一邊去. 如'爲人臣, 止於敬', 敬亦有多少般, 不可只道擎跽曲拳便是敬. 如盡忠不欺, 陳善閉邪, 納君無過之地, 皆是敬, 皆當理會. 若只執一, 亦成一邊去, 安得謂之至善! 至善只是些子恰好處. 韓文公謂'軻之死不得其傳'. 自秦漢以來豈無[9]人! 亦只是無那至善, 見不到十分極好處, 做亦不做到十分極處." <淳>.

대답: 그렇다. 명덕 속에도 지선(至善)이 있고 신민 속에도 지선(至善)이 있으니 모두 저 지극한 지점에 도달해야 한다. 지선(至善)은 가는 곳마다 다 있다. 수신(修身) 속에도 지선(至善)이 있으니 반드시 그 남김없이 완전한 지점에 도달해야 한다. 제가(齊家) 속에도 지선(至善)이 있으니 역시 그 남김없이 완전한 지점에 도달해야 한다. 지선(至善)은 극단성을 가지고 말한 것이다. 그 극단적인 지점을 (머리로) 헤아리고[理會] 말 뿐만이 아니라 역시 실제로 그 지점에 도달해야 한다. '임금이 되어서는 인(仁)에 머물고'의 경우, 물론 인(仁)은 다 똑같은 인이지만, 인에도 여러 양상이 있으니 경우에 따라 살펴 보아야 한다. 예컨대 이 일은 이렇게 해야 한다는 것도 인이고 저 경우는 또 저렇게 해야 한다는 것도 인이다. 만약 (이러한 점을) 헤아리지 못하고 하나만 고집한다면 한쪽 측면에 치우쳐버린다. '신하가 되어서는 경(敬)에 머문다.'의 경우에도, 경 역시 여러 양상이 있다. 홀(笏)을 높이 들고, 무릎 꿇고, 몸을 굽히는 것[擎跽曲拳]만[10] 경이라고 해서는 안 된다. 충심[忠]

을 다하여 (임금을) 속이지 않고 선한 것을 말하여 (임금 마음 속의) 삿된 것을 막아서[陳善閉邪][11] 임금을 잘못 없는 경지로 인도하는 것[12] 이 모두 경(敬)이니 (이러한 여러 양상을) 모두 헤아려야 한다. 만약 한쪽 측면만 고집한다면 역시 한쪽 측면에 치우쳐버린다. (그렇게 되면) 어찌 지선(至善)이라고 할 수 있겠나? 지선(至善)은 일군의 꼭 맞는[恰好] 지점들일 뿐이다. 한문공(韓文公)[13] 이 '맹가[軻][14]가 죽은 후로 전승이 끊겼다'[15]고 하였는데, 진한(秦漢) 이래 어찌 인재가 없었겠는가? 역시 저 지선(至善) (의 지점까지 도달하여 머문 경우가) 없어서 지극히 100% 좋은 지점을 이해하지 못했고 실천의 측면에서도 지극히 100% 좋은 지점을 실천하지 못했을 뿐이다.

<순(淳)의 기록>(61세 혹은 70세).

<寓[16]同.>

<서우의 기록도 동일함.>

주석

1 조선고사본에서는 이 뒤에 '대학(大學)'이 더 있다.

2 조선고사본에서는 이 뒤에 '야(也)'가 더 있다.

3 조선고사본에서는 이 뒤에 '변(便)'이 더 있다.

4 조선고사본에서는 '필(必)'을 '역(亦)'으로 적었다.

5 조선고사본에서는 '역(亦)'을 '개(皆)'로 적었다.

6 조선고사본에서는 이 앞에 '주(做)'가 더 있다.

7 조선고사본에서는 이 앞에 '약(若)'이 더 있다.

8 조선고사본에서는 '역(亦)'을 '방(方)'으로 적었고, 바로 뒤이어 작은 글씨로

'서우의 기록에서는 역자로 적었다(徐作亦字)'라는 주석이 붙어있다.

9 조선고사본에서는 이 뒤에 '서우의 기록에서는 호(好)자가 더 있다(徐有好字)'라는 주석이 붙어있다.

10 장자(莊子) 인간세(人間世) 제 1장. '홀을 높이 들고, 무릎 꿇고, 몸을 굽히는 동작은 남의 신하된 자의 예법입니다. 남들이 다 하는데 제가 감히 하지 않겠습니까?(擎跽曲拳, 人臣之禮也. 人皆為之, 吾敢不為邪?)'

11 맹자 4A:1.

12 인용문이 정확하지 않다. 춘추좌씨전(春秋左氏傳) 장공(莊公) 19년 조에서는 '납군어선(納君於善)'이라고 했고, 예기(禮記) 예운(禮運)편에서는 '고군자입어무과지지야(故君者立於無過之地也).'라고 했다.

13 당나라의 한유(韓愈, 768~842).

14 맹자(孟子)

15 한유의 원도(原道). '요는 이것을 순에게 전했고 순은 이것을 우에게 전했고 우는 이것을 탕에게 전했고 탕은 이것을 문, 무, 주공에게 전했고 문, 무, 주공은 이것을 공자에게 전했고 공자는 이것을 맹가에게 전했는데 맹가가 죽고서는 전승하지 못했다. (堯以是傳之舜, 舜以是傳之禹, 禹以是傳之湯, 湯以是傳之文武周公, 文武周公傳之孔子, 孔子傳之孟軻. 軻之死, 不得其傳焉.)'

16 조선고사본에서는 이 뒤에 '록(錄)'자가 더 있다.

14:115

明德, 是我得之於天, 而方寸中光明底物事. 統而言之, 仁義禮智. 以其發見而言之, 如惻隱·羞惡之類; 以其見於實用言之, 如事親·從兄是也. 如此等德, 本[1]不待自家明之. 但從來爲氣稟所拘, 物欲所蔽[2], 一向昏昧, 更不光明. 而今卻在挑剔揩磨出來, 以復向來得之於天者, 此便是"明明德". 我旣是明得个明德, 見他人爲氣稟物欲所昏, 自家豈不惻然欲有[3]以新之, 使之亦如我挑剔揩磨, 以革其向來氣稟物欲之昏而復其得之於天者? 此便是"新民". 然明德·新民, 初非是人力私意所爲, 本自有一箇當然之則, 過之不可, 不及亦不可. 且以孝言之, 孝是明德, 然亦自有當然之則. 不及則固不是, 若是過其則, 必有刲股之事. 須是要到當然之則田地而不遷, 此方是"止於至善". <泳>.

명덕(明德)이란 내가 하늘로부터 받은 것으로 마음[方寸] 속에서 빛나고 있는 물건이다. 총체적으로 말하자면, 인(仁), 의(義), 예(禮), 지(智)이다. 그것이 틔워 드러난 측면에서 말하자면 측은(惻隱)지심과 수오(羞惡)지심 같은 것이고, 실제 작용[實用]으로 드러난 측면에서 말하자면 부모를 모시거나 형을 따르는 것이다. 이러한 덕은 본래 스스로 밝힐 필요가 없는 것이다. 다만 지금까지 타고난 기질[氣稟][4] 에 구속되고 물욕에 뒤덮여 한결같이 혼미하여 밝지 못했던 것이다. 이제는 그것을 도려내고 갈고 닦아서[挑剔揩磨] 과거에 하늘로부터 받았던 것을 회복하는 것이 바로 '명덕을 밝힘[明明德]'이다. 내가 명덕을 밝히고 나면 다른 이가 기질과 물욕 때문에 혼미해진 것을 보았을 때 어찌 측은한 마음이 들어 그들을 일신하여 그들 또한 나처럼 도려내고 갈고 닦아서 기질과 물욕으로 인한 혼미함을 벗어 던지고 하늘로부터 받은 것을 회복하게 만들어주고 싶지 않겠나? 이것이 바로 '신민(新民)'이다. 그러나 (명)명덕과 신민은 애초에 인간의 힘이나 사적인 의도로 하는 것이 아니다. 본래 당연한 법칙[當然之則]이 있으니 그것을 지나쳐서도 안 되고 못 미쳐서도 안 된다. 효(孝)를 예로 들자면, 효는 명덕이지만 여기에도 역시 당연한 법칙이 있다. 못 미치면 물론 안 되겠지만 그 법칙을 지나치게 되면 반드시 허벅지 살을 베는[刲股][5] 일이 생긴다. 반드시 당연한 법칙의 자리[田地]에 이른 뒤 옮겨가지 말아야 하는데, 이렇게 해야만 '지어지선(止於至善)'이다. <영(泳)의 기록>(66세).

주석

1 조선고사본에서는 '본(本)'이 없다. 주자어류휘교의 교감에서는 이 부분의 교감주를 결하고 있으므로 주의하라.

2 조선고사본에서는 이 뒤에 '이차등덕(而此等德)'이 더 있다.

3 조선고사본에서는 '유(有)'를 '존(存)'으로 썼다.

4 우리 몸과 마음을 구성하고 있는 물질적인 부분은 모두 기인데, 이러한 기는 우리가 골라서 태어나는 것이 아니라 처음부터 주어진 조건이다. 그런 의미에서 '받았다[稟]'라고 표현한다. 이것을 소리나는 그대로 '기품'이라고 번역하는 경우가 많으나 그럴 경우 현대 한국어에서 해당 음가를 가장 강력하게 지배하고 있는 단어인 기품(氣品) 때문에 말이 순하지 않게 된다. 주희에게 있어 기(氣)와 질(質)은 서로 다른 개념이므로 기품을 한국어로 옮길 적에 '기질'이라는 단어를 쓰는 것에는 약간의 위험이 있다. 본고는 그런 위험을 감수하고 있음을 기록해 둔다.

5 부모의 병을 치료하기 위해서 자식이 자신의 허벅지 살을 베어서 요리해 먹였다는 일화는 전통적인 효자담에서 반복하여 등장하는 이벤트이다. 여기서는 이런 종류의 효행을 '선을 넘은 것'으로 단정하여 경계했지만 또 다른 조목에서는 긍정적으로 언급한다. 17:47, 17:48, 59:58, 59:59 등을 보라.

14:116[1)]

明德 · 新民, 皆當止於至善. 不及於止, 則是未當止而止; 當止而不止, 則是過其所止; 能止而不久, 則是失其所止. <僩>.

밝은 덕을 밝히고[明德] 백성을 새롭게 하는[新民] 일은 모두 최선의 지점[至善]에 이르러 멈춰야 한다. 멈출 지점에 이르지 못했다면 이는 멈춰서는 안 되는 지점에 멈춰버렸다는 것이다. 멈춰야 하는데 멈추지 않았다면 이는 멈춰야 할 지점을 지나쳤다는 것이다. 멈추는 데

성공했으나 오래 머무르지 못했다면 이는 머무를 자리를 잃은 것이다.[2] <한(僩)의 기록>(69세 이후).

주석

1 지록 38:35에 실려 있다.

2 '지(止)'는 특정 스팟에 1)도달해서 2)멈추고 3)머무르는 일을 모두 지시할 수 있다. 그래서 번역하기 난처하다. 이 조목에서는 지(止)의 여러 의미를 혼용하고 있으므로 부득이하게 멈추다와 머무르다를 섞어가며 번역하였다.

14:117[1]

"明德新民, 皆當止於極好處. 止之爲言, 未到此便住, 不可謂止; 到得此而不能守, 亦不可言止. 止者, 止於是而不遷之意."

밝은 덕을 밝히고[明德] 백성을 새롭게 하는[新民] 일은 모두 최고로 좋은 지점에 머물러야 한다. '머무르다[止]'라는 말에 대해서라면, 이 지점에 이르지 못했는데 멈춰버리는[住] 것도 머무른다[止]고 할 수 없고, 이 지점에 이르렀는데 (그 자리를) 지켜내지 못하는 것도 머무른다[止]고 할 수 없다. 머무름이란 그 자리에 그쳐서 자리를 옮기지 않는다는 뜻이다.

或問: "明[2]明德是自己事, 可以做得到極好處. 若新民則在人, 如何得他[3]到極好處?"

누군가의 질문: 밝은 덕을 밝히는 것은 자기 일이니 최고로 좋은 지점

에 이를 수 있습니다. 백성을 새롭게 하는 것은 (성공의 여부가 새로 워지는 쪽인) 남에게 달렸으니 어떻게 그들이 최고로 좋은 지점에 이르게 할 수 있습니까?

曰: "且教自家先明得盡, 然後漸民以仁, 摩民以義. 如孟子所謂 '勞之, 來之, 匡之, 直之, 輔之, 翼之, 又從而振德之'. 如此變化他[4], 自然解到極好處." <銖>.

대답: 우선 자신이 먼저 밝은 덕을 남김없이 밝힌 다음에 '백성들을 인으로 물들이고 의로 갈고 닦아주'는 것이다.[5] 맹자(孟子)에서 이른 바 '(수고하는 이를) 위로하고 (올 사람을) 불러오고 (삿된 자를) 바로 잡아주고 (굽은 자를) 펴주고 부축하여 일으켜 세워주고 보조해서 걷게 해주고 다시 이어서 깨우쳐주는 은덕을 베풀어준다'는 것과 같다.[6] 이렇게 그들을 변화시키면 자연히 최고로 좋은 지점에 이를 수 있다.[7] <수(銖)의 기록>(67세 이후).

주석

1 지록 13:136에 실려 있다.

2 지록에서는 '명(明)' 하나가 없다.

3 지록에서는 '타(他)'를 '타(它)'로 적었다. 조선고사본에서는 '타(他)'가 없다. 주자어류휘교의 교감기에서는 이 부분을 결하고 있으니 주의하라.

4 지록에서는 이 부분도 '타(它)'로 적었다.

5 한서(漢書) 동중서전(董仲舒傳). '그러므로 남면하여 천하를 다스리는 군주 가운데 교화를 큰 임무로 삼지 않은 이가 없었습니다. 국도에는 대학을 세워 교화하고 고을에는 상서를 세워 교화했습니다. 인(仁)으로 백성을 물들이고, 의(誼)로 백성을 갈고 닦으며, 예(禮)로 백성을 절제하게 하였습니다. 그렇기

때문에 형벌이 매우 가벼워도 백성들이 금제를 어기지 않았으니, 이는 교화가 널리 행해져 습속이 아름다워졌기 때문입니다. (是故南面而治天下, 莫不以教化為大務. 立大學以教於國, 設庠序以化於邑, 漸民以仁, 摩民以誼, 節民以禮, 故其刑罰甚輕而禁不犯者, 教化行而習俗美也.)' 주희의 인용구와는 약간의 차이가 있다.

6 맹자 3A:4.

7 '해(解)'는 '…수 있다'는 뜻이다.

14:118

或問: "明德可以止於至善, 新民如何得他止於至善?"

누군가의 질문: 명덕(明德)은 지어지선(止於至善)할 수 있는데, 신민(新民)은 어떻게 그들이 지어지선하도록 할 수 있습니까?[1)]

曰: "若是新民而未止於至善, 亦是自家有所未到. 若使聖人在上, 便自有个處置."

대답: 만약 신민이 지어지선에 이르지 못했다면 그것 또한 자기 자신에게 (가장 좋은 지점에) 이르지 못한 바가 있는 것이다. 만약 성인이 윗자리에 있었다면 자연히 어떤 (적절한) 조처가 있었을 것이다.

又問: "夫子非不明德, 其歷諸國, 豈不欲春秋之民皆止於至善? 到他不從, 聖人也無可奈何."

재질문: 공자(孔子)께서 (자신의) 명덕을 밝히지 않으신 것은 아닙니다. 그분께서 여러 나라를 다니시면서 어찌 춘추(春秋) 시대의 백성들

이 모두 지어지선(止於至善)하기를 원하지 않으셨겠습니까마는, 그들이 따르지 않으니 성인께서도 어찌할 수 없었던 것입니다.

曰: "若使聖人得位, 則必須綏來動和."

대답: 만약 성인이 높은 자리를 얻어 재직했다면 반드시 백성을 편안하게 하여 멀리서도 찾아와 귀부하게 하고 그들을 감동시키고 고무시켜 화합하게 만드셨을 것이다[綏來動和].[2]

又云: "此是說理, 理必須是如此. 且如'致中和, 天地位, 萬物育'. 然堯有九年之水, 想有多少不育之物. 大德必得名位祿[3]壽, 也豈箇箇如此! 只是理必如此." <胡泳>.

다시 말함: 이것은 이치[理]를 말하는 것이다.[4] 이치는 반드시 이와 같아야 한다. '중화(中和)를 이루면 천지가 제자리를 잡고 만물이 자라난다'는 것과 같다.[5] 그러나 요(堯)임금 때는 9년간의 홍수가 있었으니, 생각해 보면 제대로 자라지 못한 만물이 얼마나 많았겠는가?[6] 대덕(大德)은 반드시 명예, 지위, 녹봉과 긴 수명을 얻어야 하지만,[7] 어찌 모든 경우 다 그럴 것인가! 단지 이치가 반드시 이와 같다는 것뿐이다. <호영(胡泳)의 기록>(69세).

주석

1 직전 조목과 같은 내용이다.

2 논어 19:25. 완(綏)은 편안하게 해주는 것, 래(來)는 그 편안함의 결과로 먼 지방의 사람들이 귀부함을 말한다. 동(動)은 고무하고 진작하는 것, 화(和)는 그 고무진작의 결과로 백성들이 화평하게 변함을 말한다.

3 성화본, 만력본, 화각본에서는 모두 '록(祿)'을 '복(福)'으로 썼다. 여본에서는 통행본과 같이 썼고, 조선정판본의 본문에서는 여본을 따른 뒤 교감기에서 '록(祿)'으로 쓴 판본이 있음을 언급하고 있다. 조선고사본에는 이 조목이 없어서 성화본 이전의 기록은 알 수 없다. 원출전인 중용(中庸)에서 '록(祿)'이라고 썼으니 '록'으로 교감하는 것이 타당하다고 생각할 수도 있겠으나, 주자어류에서는 본래 다른 문헌을 인용할 적에 자주 글자를 틀린다는 사실도 감안해야 한다.

4 실제로는 변수가 많겠지만 이론상, 당위상 이러해야 한다는 말이다.

5 중용 제 1장.

6 '다소(多少)'는 현대 중국어 '두어머(多麽)'와 같다. 어떠한 정도나 수량을 과장하는 감탄사이다.

7 중용 제 17장. '대덕'은 큰 덕을 보유한 사람을 지칭한다.

14:119

明明德, 便要如湯之日新; 新民, 便要如文王之"周雖舊邦, 其命維新". 各求止於至善之地而後止也. <德明>.

명명덕(明明德)은 탕(湯)임금이 매일 자신을 새롭게 한 것[日新][1]처럼 해야 하고[2] 신민(新民)은 문왕(文王)의 '주나라가 비록 오래된 나라이나 그 천명은 새롭다[周雖舊邦, 其命維新]'[3]처럼 해야 한다. 각각 최선[至善]의 지점에 도달하고 난 뒤에 멈추어 머물고자 한 것이다.

<덕명(德明)의 기록>(44세 이후).

주석

1 대학 전2장. 탕 임금의 욕조에 새긴 글에서 말하기를 '하루 새롭고자 하거든 하루하루 새롭게 하고 또 하루 새롭게 하라[苟日新, 日日新, 又日新]'고 하였다.

2 사실 이 고사와 다음 고사 모두 대학(大學) 본문에서 명명덕(明明德)이 아니라 신민(新民)을 해석하는 부분이다.

3 시경(詩經) 대아(大雅) 문왕편(文王篇). 대학 전2장에서 '신민'을 해석하기 위해 인용하고 있다. 주나라가 비록 연혁이 오래된 나라이지만 문왕의 대에 이르러 덕을 새롭게 하고 백성들에게 그 은택이 미친다면 천명을 새롭게 받아서 천하를 차지할 수 있다는 말이다.

14:120

欲新民, 而不止於至善, 是"不以堯之所以治民者治民"也. 明明德, 是欲去長安; 止於至善, 是已到長安也. <拱壽>[1].

백성을 새롭게 하려고 하면서 최선의 지점에 도달하여 머무르려 하지 않는 것은 '요(堯)임금이 백성을 다스린 방법으로 백성을 다스리려고 하지 않는 것'이다.[2] 명덕을 밝히는 것은 장안(長安)에 가려고 하는 것이고 최선의 지점에 머문다는 것은 이미 장안에 도착한 것이다.

<공수(拱壽)의 기록>(65세).

주석

1 조선고사본에서는 기록자명이 없다. 주자어류휘교에서 기록자명이 있는 것처럼 정리해둔 것은 옳지 않으니 주의해야 한다.

2 맹자 4A:2. '요 임금의 통치법'이란 최선의 통치를 말한다.

14:121

劉源問"知止而後有定".

유원(劉源)[1]이 '머물 곳을 알고 나서 확정된다.'에 대해 질문했다.[2]

曰: "此一節, 只是說大概效驗如此. '在明明德, 在新民, 在止於至善', 卻是做工夫處." <雉>.

대답: 그 대목은 그저 효험(效驗)이 대체로 이러이러하다고 말한 것 뿐이다.[3] '(대학의 道는) 명명덕(明明德), 신민(新民), 지어지선(止於至善)에 있다'가 바로 힘쓸 지점[做工夫處]이다. <치(雉)의 기록>(미상).

<以下知止[4]有定.>

<이 아래로는 '머물 곳을 알고 나서 확정된다'에 관한 조목>

주석

1 다른 자료에서는 보이지 않는 이름인지라 신원을 특정하기 어렵다. 회암집(晦庵集)에서 한 번 등장하지만 타인의 행장에 등장하는 예전 사람이므로 무관하다. 어류의 다른곳에서 등장하지도 않는다. 남송말, 몽골항쟁 과정에서 전사한 사람이 있지만 시기상 동명이인으로 보아야 한다.

2 대학(大學) 경(經)에서는 '머물 곳을 알면(=최선의 지점을 알면) 의지가 확정되고, 의지가 확정되면 마음이 고요해질 수 있고, 마음이 고요해지면 마음이 편안해질 수 있고, 마음이 편안해지면 생각할 수 있고, 생각하면 (머물 곳을) 얻을 수 있다.'라고 한다. 각각의 단계를 낱글자로 압축하면 지(知)/정(定)/정(靜)/안(安)/려(慮)/득(得)이 된다. 여기서부터 권14의 끝까지 이 여섯 글자를 반복해서 논하고 있으므로 이들이 나열된 순서를 염두에 두고 독해해

야 한다.

3 14:166에서 자세히 다루므로 그쪽을 참조하기 바란다.

4 조선고사본에서는 이 뒤에 '이후(而後)'가 더 있다.

14:122

"在止於至善". 至者, 天理人心之極致. 蓋其本於天理, 驗於人心, 卽事卽物而無所不在. 吾能各知其[1]止, 則事事物物莫不各有定理, 而分位·界限爲不差矣. <端蒙>.

(대학(大學)의 도는) '지극히 선한[至善] 지점에 머무르는[止] 데 있다'는 말에서 '지극하다[至]'는 것은 하늘의 이치[天理]와 사람의 마음[人心]의 최고점[極致]이다. 대개 그것[2]은 하늘의 이치에 뿌리를 두고 있고 사람의 마음에서 체험[驗]할 수 있으며 각각의 사태와 사물에 없는 경우가 없다. 자기 스스로 각각의 경우에서 머무를 지점[止][3]을 알 수 있으면 (그 사람의 눈에는) 각각의 사태와 사물에 확정된 이치[定理][4]가 없는 경우가 없고 (각 사태와 사물의) 자리[分位]과 경계선[界限]도 어긋나지 않게 될 것이다.[5] <단몽(端蒙)의 기록>(50세 이후).

주석

1 성화본과 조선정판본에서는 이 뒤에 '소(所)'가 더 있다. 만력본 이후의 판본에서는 모두 통행본과 같다. 조선고사본에는 이 조목 자체가 없다.

2 지선(至善)을 말한다.

3 곧, 지극히 선한 지점이다.

4 대학혹문(大學或問). '정(定)'의 번역은 대학혹문을 따를 것인가 대학장구(大學章句)를 따를 것이냐에 따라 달라진다. 이 문제는 14:126과 163에 자세하

니 참조하라.

5 자리[分位]는 사람과 사물이 세상 속에서 점하게 되는 역할을 말한다. 아버지, 임금, 자식, 부인, 남편, 이장, 면장, 군수 등이 모두 자리이다. 경계선[界限]은 각각의 자리를 규정하는 선이다. 여기에는 당위적 성격이 다분하다. 어떤 이가 모든 사태와 사물 속에서 정리(定理)를 인식한다는 말은 곧 그 사람 눈에는 각각의 '자리'가 해야 할 것과 하지 말아야 할 것이 확고부동하게 보인다는 말이다. 예컨대, 주희가 자주 드는 사례를 인용하자면, 임금이라는 자리에 대한 규정(경계선)은 인(仁)이다.

이 각각의 당위는 각 사물이 해낼 수 있는 최고점, 곧 극치(極致)이기도 하다. 우리가 임금된 자에게 기대할 수 있는 최대치가 인(仁)이다. 임금의 인(仁) 같은 이치는 너무나 객관적이고 확고불변하기 때문에 사람이 계산하여 만든 것이 아니요, 자연에서 유래한 것이라고밖에 할 수 없다. 그래서 '하늘의 이치에 뿌리를 두고' 있다고 했다. 그런데 우리는 이러한 것을 다른 곳에서가 아니라 자기 마음 속에서 직접 겪어 확인할 수 있다. 그래서 '사람의 마음에서 체험할 수 있다'고 했다.

자리와 경계선에 대해서는 87:136을 참조하라.

14:123[1]

[2]須是灼然知得物理當止之處, 心自會定. <砥>.

모름지기 (각각의) 사물의 이치상 머물러야 마땅한 (최선의) 지점을 명명백백[灼然]하게 알아야 하니, (그래야) 마음도 자연히 확정된다.[3]

<지(砥)의 기록>(61세).

주석

1 이 조목은 14:162와 흡사하니 참조하라. 조선고사본에서는 14:127과 합쳐서 하나의 조목이었다.

2 조선고사본에서는 이 앞에 '머물 곳을 알기 전에도 물론 행동은 하는데, 다

만 계속 수고롭게 붙잡고 있어야 할 뿐이다. 머물 곳을 안 후에는 힘이 덜 든다. <한의 기록> 다시 말함: (未知止, 固用做, 但費把捉. 已知止, 則爲力也易. <僩> 又曰)'이 더 있다. 이 부분은 통행본 14:127과 거의 같다.

3 도덕률의 당위성에 대한 인식이 확고하고 명료하면 그것을 실천하기 위해 필요한 의지의 힘이 그에 비례해서 강해진다는 뜻이다.

14:124[1)]

問: "'知止而後有定', 須是物格 · 知至以後, 方能如此. 若未能物格·知至, 只得且隨所知分量而守之否?"

질문: '머물 곳을 알고 나서 (심지가) 확정된다'는 것은 사물을 탐구하여[物格] 앎이 지극해진[知至] 후에야 이렇게 할 수 있습니다. 만약 사물을 탐구하여 앎이 지극해지지 못했다면 일단 아는 만큼만 지킬[守][2)] 수 있을 뿐인 것입니까?[3)]

曰: "物格·知至也無頓[4)]斷. 都知到盡處了, 方能知止有定. 只這一事上知得盡, 則此一事便知得當止處. 無緣便要盡底都曉得了, 方知止有定. 不成知未到盡頭, 只恁地鶻突獃在這裏, 不知个做工夫處! 這箇各隨人淺深. 固是要知到盡處方好, 只是未能如此, 且隨你知得者, 只管定去. 如人行路, 今日行得這一條路, 則此一條路便知得熟了, 便有定了. 其它路皆要如此知得分明. 所以聖人之教, 只要人只管理會將去."[5)]

대답: 사물을 탐구하여[物格] 앎이 지극해지는[知至] 일은 중간에 끊을[頓斷] 수 없다.[6)] 완벽히 안 다음에야 비로소 머물 곳을 알고 심지가

확정될[知止有定] 수 있다.[7] 다만, 특정 사안에 대하여 앎이 완전해지면 그 사안 하나에 대해서는 마땅히 머물 지점을 알게 된다.[8] 곧바로[便] (세상) 모든 것에 대하여 전부다 완벽히 알고 나서야 비로소 머물 곳을 알고 심지가 확정된다고[知止有定] 하는 것은 불가능하다[無緣]. 설마 하니[不成] 모든 것을 완벽히 알지 못했다고 그저 이렇게 흐리멍텅[鶻突]하니[9] 여기서 기다리기만[獃][10] 할 뿐, 힘써 노력할[工夫] 지점은 한군데도 모른다는 말인가? 이건 사람마다 자신의 수준[淺深]에 맞게 해야 한다. 물론 모든 것을 완벽히 알고자 하는 것은 좋지만 그저 이렇게 할 수 없을 뿐이다.[11] 우선은 자신이 (이미) 아는 것을 따라 쭉[只管] (심지를) 확정해 가라. 사람이 길을 갈 적에 오늘 이 길을 갔으면 이 길에 대해서 익히 알게 되고 (그 결과로 심지가) 확정되게 된다.[12] 그 밖의 다른 길들도 모두 이렇게 분명하게 알아야 한다. 그래서 성인은 사람들에게 그저 꾸준히 살피고 헤아려[理會] 나가라고 가르쳤을 뿐이다.

又曰: "這道理無它, 只怕人等待. 事到面前, 便理會得去做, 無有不得者. 只怕等待, 所以說: '需者, 事之賊[13]也!'"

다시 대답: 이 도리는 다른 건 없고 그저 사람들이 주저하며 기다릴까 걱정이다. 사태가 면전에 도달했을 때 바로 살펴서[理會] 처리하면 터득하지 못하는 경우가 없다. 그저 주저하며 기다릴까 걱정이다. 그래서 '머뭇거림이 일을 해친다'[14]는 말이 있는 것이다.

又曰: "'需者, 事之賊也!'若是等待, 終誤事去."

다시 대답: '머뭇거림이 일을 해친다'. 이렇게 기다리기만 하면 끝내

일을 그르친다.

又曰: "事事要理會. 便是人說一句話, 也要思量他怎生如此說; 做一篇沒緊要文字, 也須思量他怎生如此做." <僩>.

다시 대답: 사안마다 하나하나 헤아려야[理會] 한다. 가령[便是][15] 누가 짧게 한마디 했어도 '저 사람은 어째서[怎生] 저렇게 말했을까' 생각해 보아야 한다. 누가 별로 중요할 것 없는 글을 한 편 지었어도 '저 사람은 어째서 저렇게 썼을까' 생각해 보아야 한다. <한(僩)의 기록>(69세 이후).

주석

1 이 조목의 후반부는 8:2과 흡사하니 참조하라.

2 자기 자신의 행동을 단속하여 도덕적 고결함을 견지하는 것을 말한다. 14:109를 참조하라.

3 '지득(只得)'은 '지능(只能)'과 같다. '그저… 할 수밖에 없다.'라는 뜻이다.

4 조선고사본에서는 이 뒤에 작은 글씨로 '상성(上聲)'이라는 음주가 달려있다. 다만 신뢰하기는 어렵다. 상성은 오늘날 중국어의 제 3성에 해당하는데, '돈(頓)'자는 실제로 대부분 제 4성으로 쓰이고 매우 드물게 제 2성으로 쓰일 뿐이다. 강희자전(康熙字典)에서도 거성(去聲), 즉 오늘날의 제 4성이라고 기록하고 있다.

5 조선고사본의 14:124는 여기서 끝난다. 이 뒤로 이어지는 문답은 여정덕이 다른 곳에서 가져온 듯하다.

6 질문자가 적당히 알았으면 그만큼만 지켜도 되는지 물었기 때문에 앎을 향한 탐구는 적당한 지점에서 끊고 멈출 수 없다고 대답한 것이다.

7 이 부분은 원론이다. 원론적으로 말하자면 질문자의 주장은 옳지 않다는 것이다.

8 이 부분은 현실적인 설명이다. 각각의 개별 사안의 경우 평범한 사람이라

도 남김없이 잘 알게 된 것들이 있을 것이므로, 현실적으로 그런 사안에 한해서는 즉각 실천할 수 있다는 말이다.

9 '골돌'은 흐리멍텅한 모습이다. 현대 한국어 '골똘히'가 특정한 사안에 깊이 침잠한 모습을 형용하는 것과는 다르다.

10 '애(獃)'는 어리석다는 뜻도 있지만 우두커니 기다린다는 뜻도 있다. 여기서는 기다린다는 뜻으로 풀었다.

11 '고시(固是)'와 '지시(只是)'가 짝이 된다. 고시는 겉보기에 타당한 내용을 이끌고 지시는 그것을 뒤집는 내용을 이끈다. 95:77의 마지막 문장이 이와 같은 구조이니 참조하라.

12 익숙한 길을 갈 때 우리의 마음 속에는 확신과 자신감이 가득하고 의심과 주저함이 없음을 생각해 보라.

13 `성화본, 만력본, 화각본에서는 '적(賊)'을 '하(下)'로 썼다. 여본에서부터 지금과 같은 형태로 적혀있다.

14 춘추좌씨전(春秋左氏傳) 애공(哀公) 14년. '머뭇거림은 일을 해칩니다.(需, 事之賊也.)'

15 '변시'는 드물게 가설하는 말로 쓰인다.

14:125

"知止而後有定", 須是事事物物都理會得盡, 而後有定. 若只理會得一事一物, 明日別有一件, 便理會不得. 這箇道理須是理會得五六分以上, 方見得這邊重, 那邊輕, 後面便也易了. 而今[1]未理會到半截以上, 所以費力. 須是逐一理會, 少間多了, 漸會貫通, 兩箇合做一箇, 少間又七八箇合做一箇, 便都一齊通透了. 伊川說"貫通"字最[2]妙. 若不是他自會[3]如此, 如何說出這字! <賀孫>.

'머물 곳을 알고 나서 (심지가) 확정된다.'에 대하여. 모름지기 사사물물을 모두 완전히 이해하고 나서야 (심지가) 확정된다. 만약 한 가지 사건이나 한 가지 사물에 대해서만 이해했는데 다음날 새로운 사건을 만나면 이해하지 못할 것이다. 이 도리는 반드시 50~60% 이상 이해해야만 어느쪽 측면은 무겁고 어느쪽 측면은 가볍다는 걸 알 수 있어서 그 나머지 부분도 쉬워진다. 지금 아직 50% 이상 이해하지 못했기 때문에 힘이 드는 것이다. 모름지기 하나하나 이해하다 보면 이윽고 (이해한 것이) 많아지고, 점차 관통(貫通)하여 두 가지를 합하여 하나로 꿰게 되고, 다시 시간이 조금 흘러 또 7~8개를 합하여 하나로 꿰게 되고, 마침내 모든 것을 일제히 투철하게 이해하게 된다. 이천(伊川)[4]이 쓴 '관통(貫通)'이라는 표현이 오묘하다.[5] 만약 그 스스로 이렇게 해보지 않았더라면 어떻게 이렇게 표현할 수 있었겠나?

<하손(賀孫)의 기록>(62세 이후).

주석

1 조선고사본에서는 이 뒤에 '도시(都是)'가 더 있다.

2 점검 가능한 모든 판본에서 '최(最)'를 '시(是)'로 적었다. 오직 통행본에서만 '최'인데, 교감주가 없는 것으로 보아 단순 오기인 듯하다.

3 점검 가능한 모든 판본에서 '회(會)'를 '증(曾)'으로 적었다. 오직 통행본에서만 '회'인데, 교감주가 없는 것으로 보아 단순 오기인 듯하다.

4 정이(程頤).

5 이정유서(二程遺書) 18:27. '누군가의 질문: 덕을 진전시키고 업을 닦는 방법 가운데 무엇이 우선입니까? 대답: 정심성의보다 우선할 것은 없다. 성의는 치지에 달렸고 치지는 격물에 달렸다. '격'은 '이르다'이다. '조상께서 이르셨다'에서의 '이르셨다'와 같다. 무릇 하나의 사물에는 하나의 이치가 있으니 그 이치를 끝까지 탐구해내야 한다. 이치의 탐구에는 여러 갈래가 있다. 혹 글을 읽어 의리를 강명하기도 하고, 혹 고금의 인물을 논하여 그 시비를 판별하기도 하고, 혹 사물을 응대하여 마땅하게 처리하기도 하니, 이 모든

것이 다 이치의 탐구이다. 누군가의 질문: 사물 하나하나를 다 '격'해야합니까? 아니면 사물 하나만 '격'하면 모든 이치를 다 알게 됩니까? 대답: 어떻게 곧바로 모든 것에 통달하겠는가? 사물 하나만 '격'하면 모든 이치에 통한다는 것은 안자라도 감히 그렇게 말하지 못할 것이다. 오늘 하나를 '격'하고 내일 또 하나를 '격'하여 쌓이고 익힘이 많아진 연후에 (벌레가 허물을 벗듯) 탁 트여 자연히 관통하는 일이 생긴다.(或問: 進修之術何先? 曰: 莫先於正心誠意. 誠意在致知, 致知在格物. 格, 至也. 如"祖考來格"之格. 凡一物上有一理, 須是窮致其理. 窮理亦多端: 或讀書, 講明義理; 或論古今人物, 別其是非. 或應接事物而處其當. 皆窮理也. 或問: 格物須物物格之, 還只格一物而萬理皆知? 曰: 怎生便會該通? 若只格一物便通衆理. 雖顏子亦不敢如此道. 須是今日格一件, 明日又格一件, 積習旣多, 然後脫然自有貫通處.)'

14:126

"知止而後有定", 必謂有定, 不謂能定, 故知是物有定說. <振>.

'머물 곳을 알고 나서 확정(적인 이치가) 있다.'에 대하여. 꼭 '확정이 있다(有定)'고 하지 '확정할 수 있다(能定)'고는 하지 않는다.[1] 이로부터 각각의 사건과 사물에 확정된 설법[說]이 있음을 알 수 있다.[2]

<진(振)의 기록>(미상).

주석

1 대학(大學) 경(經)의 문구를 두고 한 말이다. 대학에서는 지(知)/정(定)/정(靜)/안(安)/려(慮)/득(得)을 설명하면서 정(定)의 경우는 그 앞에 유(有)자를 붙이고 나머지 다른 항목은 모두 앞에 능(能)자를 붙인다. 14:130을 참조하라.

2 이 부분은 자세한 설명이 필요하다. 14:163에서의 지적에 따르면 주희는 대학장구(大學章句)와 대학혹문(大學或問)에서 '정(定)'자를 다르게 해석하고 있다. 대학장구의 주석에서는 '심지에 확정된 방향이 생긴다(志有定向)'고 해설하는 반면 대학혹문에서는 '사사물물에 확정적인 이치가 있게 된다(事事物物皆有定理矣)'라고 해설한다. 전자의 경우는 도덕적 앎이 투철해지는 만큼

그러한 앎을 실천으로 옮기기 위해 필요한 정신적 동력인 의지력 또한 그에 비례하여 투철해진다는 의미이다. 반면에 후자의 경우는 도덕적 앎이 투철해지니 천하 만사를 보면 각각의 경우 가장 도덕적으로 대응할 방안이 뚜렷하게 보인다는 의미이다. 전자는 지지(知止)를 인지의 차원으로, 유정(有定)을 의지의 차원으로 나누어 본 것이다. 후자의 경우는 전자도 인지, 후자도 인지의 차원이다. 14:163에서 주희는 '그게 그거다'라고 대답하고 있지만 독자로서는 받아들이기 어렵다. 본서에서는 이러한 차이를 반영하여 주희가 대학장구에 준하여 해설하는 조목에서는 '심지가 확정된다'고 번역하고 대학혹문식으로 해설하는 조목에서는 '확정적인 이치가 있다'고 번역했다.

14:127[1]

未知止, 固用做工夫,[2] 但費把捉. 已知止, 則爲力也易. <僩>.

머물 곳을 알기 전에도 물론 행동은 하는데, 다만 계속 수고롭게 붙잡고 있어야 할 뿐이다. 머물 곳을 안 후에는 힘이 덜 든다.

<한(僩)의 기록>(69세 이후).

주석

1 이 조목은 조선고사본에서는 14:123과 합쳐서 하나의 조목을 이루고 있다. 해당 조목의 교감주를 참조하라.

2 조선고사본, 성화본, 만력본, 조선정판본에서는 '공부(工夫)'가 없다. 여본과 하본에 있는 것으로 보아 여유량이 의미의 명료화를 위해 삽입한 듯하다. 성화본에 이 두 글자가 있다고 적은 주자어류휘교의 교감주는 옳지 않다. 본서에서는 번역하지 않았다.

14:128

定亦自有淺深: 如學者思慮凝定, 亦是定; 如道理都見得徹, 各止其所, 亦是定. 只此地位已高. <端蒙>.

확정되는[定] 데에도 당연히 깊이의 차이가 있다. 배우는 이의 사려가 확고부동[凝定]한 것도 '확정'이다. 도리를 모두 투철하게 인식하여 각각의 경우 머물러야 할 최선의 지점에 머무르는 것 역시 '확정'이다. 후자의 수준이 높을 뿐이다.[1)]<단몽(端蒙)의 기록>(50세 이후).

주석

1 전자는 대학장구(大學章句)식 해석, 후자는 대학혹문(大學或問)식 해석에 각각 해당하는 것으로 보인다. 14:126과 14:163을 참조하라.

14:129

問"定而後[1)]能靜".

'(마음 속으로 사사물물에 대하여) 확정적인 이치가 있게 되면 (마음이) 고요해질 수 있다'에 관한 질문.

曰: "定, 是見得事事物物上千頭百緖皆有定理; 靜, 只就自家一箇心上說." <賀孫>.

대답: '확정'이란 온갖 사건과 사물에 모두 확정적인 이치가 있음을 안다는 것이다. '고요함'이란 자신의 마음의 측면에서 말한 것이다.[2)]

<하손(賀孫)의 기록>(62세 이후).

<以下定靜.>

<이 아래로는 '확정되면 고요하다'에 관한 조목들>[3]

주석

1 조선고사본, 성화본, 조선정판본에서는 '후(後)'가 없다.

2 전자는 대상쪽에 이치가 있다는 걸 아는 것이고 후자는 그런 앎을 얻음으로 인하여 내 마음의 불안이 가셔서 마음이 차분하고 조용해짐을 말한다. 17:34를 참조하라.

3 14:121을 참조하라.

14:130

定以理言, 故曰有; 靜以心言, 故曰能. <義剛>.

확정은 (인식의 대상이 되는 쪽의) 이치[理]를 가지고 말한 것이다. 그래서 '유(有)'자를 썼다.[1] 고요함은 (인식 하는 쪽의) 마음[心]을 가지고 말한 것이다. 그래서 '능(能)'자를 썼다.[2] <의강(義剛)의 기록>(64세 이후).

주석

1 대학(大學)에서 '유정(有定)'이라고 쓴 이유를 해설한 것이다. 이렇게 해석하면 대학장구가 아니라 대학혹문식 해석이 된다는 것을 유념하라. 14:126과 14:163을 참조하라.

2 이치[理]를 논할 때 어울리는 술어는 유(有)/무(無) 이고, 마음[心]의 경우는 능(能)/불능(不能)이라는 말이다.

14:131[1]

[2]定是理, 靜在心. 旣定於理, 心[3]便會靜. 若不定於理, 則此[4]心只是東去西走. <泳>.

확정은 (인식의 대상이 되는 쪽의) 이치가 그렇다는 것이고 고요함은 (인식 하는 쪽의) 마음이 그렇다는 것이다. 이치가 확정되고 나면 마음은 고요해질 수 있다. 이치가 확정되지 않으면 이 마음은 그저 동분서주할 뿐이다. <영(泳)의 기록>(66세).

주석

1 지록 33:1에 실려 있다.

2 지록과 조선고사본에서는 이 앞에 '정정지설(定靜之說)'이 더 있다.

3 지록에서는 '심(心)'이 없다.

4 지록에서는 '차(此)'가 없다.

14:132

問[1]: "章句云: '外物不能搖, 故靜.' 舊說又有'異端不能惑'之語[2]. 竊謂將二句參看, 尤見得靜意."

질문: 대학장구(大學章句)에서는 '외물이 흔들지 못하므로 고요하다'고 하였는데 구판에서는 또 '이단의 학설이 현혹시키지 못한다'는 말이 있었습니다. 제 생각에 이 두 구문을 다 참고해서 보면 고요함의 의미를 더 잘 이해할 수 있습니다.[3]

曰: "此皆外來意. 凡立說須寬, 方流轉, 不得局定." <德明>[4].

대답: 둘 다 외부로부터 (흔들림이) 온다는 뜻이다. 무릇 학설을 세울 때는 품이 넉넉해야 하니 그래야 유동적이다. 한정되어서는 안 된다.

<덕명(德明)의 기록>(44세 이후).

주석

1 조선고사본에서는 이 뒤에 '정이후능정(定而後能靜)'이 더 있다.

2 조선고사본에서는 이 뒤에 '금본무지(今本無之)'가 더 있다. 일역판은 기록자 요덕명의 자주(自註)가 아닐까 추측했다. 하지만 조선고사본에서도 큰 글씨로 써서 본문으로 취급했으니 자주일 가능성은 크지 않다.

3 인용된 대학장구의 두 구절은 앞의 것이나 뒤의 것이나 모두 통행본 대학장구에서는 찾아볼 수 없다.

4 조선고사본에서는 기록자를 밝히지 않고 있다.

14:133

問: "大學之靜與伊川'靜中有動'之'靜', 同否?"

질문: 대학(大學)에서 말한 고요함과 이천(伊川)이 '고요함 가운데 움직임이 있다'[1]라고 할 때의 '고요함'이 같은 것입니까?

曰: "未須如此說. 如此等處, 未到那裏, 不要理會. 少頃都打亂了, 和理會得處, 也理會不得去." <士毅>.

대답: 그렇게 말할 필요 없다. 이러한 부분은 아직 거기에 도달하지

못했으면 알[理會] 필요가 없다. (알고자 하면) 금새 모두 혼란스럽게 되어 (기존에) 알았던 부분도 알지 못하게 되어버린다.

<사의(士毅)의 기록>(미상).

주석

1 이정유서 7:38. '고요함 가운데 움직임이 있고 움직임 가운데 본래 고요함이 있다.(靜中便有動, 動中自有靜)' 주자어류 55:9에서 이 조목에 대한 주희의 해설을 볼 수 있으니 참조하라.

14:134

問"靜而後能安"[1].

'고요하면 편안할 수 있다'에 관한 질문.

曰: "安, 只是無𣶢𣶢之意. 才不紛擾, 便安."

대답: 편안함은 동요[𣶢𣶢][2]가 없다는 뜻이다. 동요하지 않음이 곧 편안함이다.

問: "如此, 則靜與安無分別."

질문: 그렇다면 고요함과 편안함은 차이가 없습니다.

曰: "二字自有淺深." <德明>.

대답: 두 글자에 깊이의 차이가 있다.[3] <덕명(德明)의 기록>(44세 이후).

<以下靜安.>

<이 아래로 '고요하면 편안하다'에 관한 조목들>

주석

1 조선고사본에서는 이 뒤에 '예컨대 "군주는 군주의 자리를 편안히 여겨 군주의 도리를 행하고 신하는 신하의 자리를 편안히 여겨 신하의 도리를 행한다" 같은 것 아닙니까?(如君安君位以行君之道, 臣安臣位以行臣之道之類否?)'가 더 있다.

2 본래 주역(周易) 곤괘(困卦)에 나오는 말이다.

3 편안함 쪽이 더 깊다는 말이다. 14:140을 보라.

14:135

[1]問: "'安, 謂所處而安.' 莫是把捉得定時, 處事自不爲事物所移否?"

(나, 의강의) 질문: '안(安)이란, 처(處)한 바에 편안하다는 뜻이다'[2]는 것은, (이치를) 확고하게[定] 붙잡으면 (어떤) 사태에 처하여서[處事] 자연히 그 사태의 영향을 받아 움직이지[移][3] 않게 된다는 것입니까?

曰: "這箇本是一意. 但靜是就心上說, 安是就身上說. 而今人心才不[4]靜時, 雖有意去[5]安頓那物事, 自是不安. 若是心靜, 方解去區處, 方解[6]穩當." <義剛>.

대답: 이는 본래 같은 뜻이다.[7] 다만 고요함은 마음의 측면에서 설명한 것이고 편안함은 몸의 측면에서 설명했다는 차이가 있다. 이제 사람의 마음이 고요하지 못하면 어떤 것[物事]을 편안하게[安頓]하려고 해도 자연히 편안[安]하지 못하다. 마음이 고요해야만 온당하게 처리[區處]할 수 있다. <의강(義剛)의 기록>(64세 이후).

주석

1 조선고사본에서는 이 앞에 '의강(義剛)'이 더 있다.

2 대학장구(大學章句)에서 주희가 편안함을 해석한 말이다. '소처(所處)'는 '자리잡은 바' 혹은 '처리하는 바' 정도를 의미하는 명사구인데 대학장구를 번역할 때에는 보통 자리잡은 바로 풀이한다. '처리하다'는 사태에 대한 적극적인 반응이고 '자리잡다'는 소극적인 반응이다. 주희는 이 두 가지를 분명하게 구별하지 않고 자주 섞어서 사용한다. 예컨대 본 조목에서 질문자는 '자리잡다'로 질문하는데 주희는 '처리하다[區處]'로 답한다. 본서에서는 문맥을 살펴 그때그때 다르게 번역했다.

3 여기서 사태가 나를 움직인다는 것은 바람직하지 못한 일이다. 14:136을 참조하라.

4 조선고사본에서는 이 뒤에 '득(得)'이 더 있다. 이쪽을 따라 번역했다.

5 조선고사본에서는 '거(去)'를 '재(在)'로 썼다. 이쪽을 따라 번역했다.

6 조선고사본에서는 '방해(方解)'를 '득(得)'으로 썼다. 이쪽을 따라 번역했다.

7 무엇과 무엇이 같은 뜻인지 명확하지 않다. 영역판에서는 뒤에서 이어지는 문맥을 고려하여 '고요함'과 '편안함'이 같은 뜻인 것으로 풀이했다. 다만 질문과 연결하여 생각해 보면 '확고하게[定]'와 '편안함'이 같은 뜻인 것으로 풀이할 수도 있다.

14:136

旣靜, 則外物自然無以動其心; 旣安, 則所處而[1]皆當. 看打[2]做那裏去，都移易他不得. <道夫>.

고요해지고 나면 자연히 외물이 그 마음을 흔들지 못한다. 편안해지고 나면 자리잡은 바가 모두 합당하다. 비록[看] (외물이) 어딘가로[那][3] 들고 나르려 해도 그를 옮길[移易] 수 없다.[4] <도부(道夫)의 기록>(60세 이후).

주석

1 조선고사본에서는 '이(而)'를 '자(自)'로 썼다.

2 조선고사본과 성화본에서는 '타(打)'를 '강(扛)'으로 썼다. 만력본을 포함하여 그 이후 모든 판본에서는 통행본과 같이 썼다. '타'는 '하다', '강'은 '들고 나른다'는 뜻이 된다. 고문해의에서는 '타'와 '강' 모두 말이 되지만 어록에서 '타주(打做)'와 같은 형태가 자주 보인다는 점을 들어 '타' 쪽이 더 낫다고 보았다. 여기서는 이 부분이 '옮기다'가 되어야지 바로 뒤 구문의 '이역(移易)'과 잘 호응하므로 '강'쪽이 더 낫다고 판단했다.

3 '간(看)'이 의문사 앞에 올 경우 양보의 의미가 된다. 어류에서 '나(那)'는 현대 중국어 의문사인 '나(哪, 어디)'를 의미하는 경우도 있고 지시사 '나(那, 저기)'를 의미하는 경우도 있다. 여기서는 의문사이다.

4 누군가가 나를 옮기는 일은 부정적인 사건이다. 14:135, 153을 참조하라.

14:137

問: "'靜而後能安'，是在貧賤，在患難皆安否?"

질문: '고요하면 편안할 수 있다'는 것은 빈천한 상황이나 환난에 처해서도 모두 편안하다는 것입니까?

曰: "此心若不靜，這裏坐也坐不得，那裏坐也坐不得."[1] <寓>[2].

대답: 이 마음이 고요하지 않으면 여기 앉으려 해도 앉을 수 없고 저기 앉으려 해도 앉을 수 없다. <우(寓)의 기록>(61세 이후).

주석

1 조선고사본에서는 이 뒤로 14:152가 이어진다.

2 조선고사본에서는 14:137과 152를 묶어서 순(淳)의 기록이라고 쓰고 있다.

14:138

能安者, 以地位言之也. 在此則此安, 在彼則彼安; 在富貴亦安, 在貧賤亦安. <節>.

편안할 수 있다[能安]는 것은 자리[地位]를 가지고 말한 것이다.[1] 이곳에 있으면 여기서 편안하고 저곳에 있으면 저기서 편안하다. 부귀한 자리에 있어도 편안하고 빈천한 자리에 있어도 편안하다.

<절(節)의 기록>(64세 이후).

주석

1 '자리잡다'와 '대처하다' 가운데 '자리잡다' 쪽으로 풀이하라는 말이다. 14:135의 주석을 참조하라.

14:139

問[1]: "知止章中所謂定 · 靜 · 安, 終未深瑩."

질문: '머물 곳을 안다[知止]'장 속에서도 이른바 확정됨[定], 고요함[靜], 편안함[安]은 끝내 잘 모르겠습니다.

曰: "知止, 只是識得一箇去處. 旣已識得, 卽心中便定, 更不他求. 如求之彼, 又求之此, 卽是未定. '定而後能靜, 靜而後能安', [2]亦相去不遠, 但有深淺耳. 與中庸動·變·化相類, 皆不甚相遠."

대답: 머물 곳을 안다는 것은 그저 목적지를 알았다는 정도이다. 목적지를 알았으면 마음속이 확정되어 더는 달리 갈 곳을 찾지 않게 된다. 이쪽으로 가려고 하다가 다시 저쪽으로 가려고 한다면 아직 마음이 확정되지 않은 것이다. '확정되면 고요할 수 있고 고요하면 편안할 수 있다'는 것은 서로간의 (개념상의) 거리가 멀지 않다. 깊이의 차이가 있을 뿐이다. 중용에서 말한 '감동시키면 변하고 변하면 화한다'[3]는 것과 (문세가) 비슷하니 양쪽 다 (개념간의 거리가) 서로 그다지 멀지 않다.

問: "先生於此段詞義, [4]望加詳數語, 使學者易曉[5]."

질문: 선생님께서 이 단락의 말 뜻에 몇 마디 첨언하시어 배우는 이들이 쉽게 깨칠 수 있게 해주시길 바랍니다.

曰: "此處亦未是緊切處, 其他亦無可說." <德明>.

대답: 이 부분은 그다지 긴요한 곳이 아니니 달리 더 할 말이 없다.

<덕명(德明)의 기록>(44세 이후).

<定 · 靜 · 安.>[6)]

<이 아래로 확정됨/고요함/편안함에 관한 조목들>

주석

1 조선고사본에서는 이 뒤에 '대학(大學)'이 더 있다.

2 조선고사본에서는 이 앞에 '차(此)'가 더 있다.

3 중용(中庸) 제 23장을 말한다. 동, 변, 화 등 일련의 낱 글자 개념이 인과적인 것으로 거론되고 있다.

4 조선고사본에서는 이 앞에 '욕(欲)'이 더 있다.

5 조선고사본에서는 '이효(易曉)'를 '효연이지(曉然易知)'라고 썼다.

6 조선고사본에서는 이 주석이 없다.

14:140

[1)]定 · 靜 · 安頗相似. 定, 謂所止各有定理; 靜, 謂遇物來能不動; 安, 謂隨所寓而安, [2)]蓋深於靜也. <去僞>.

정(定)과 정(靜)과 안(安)은 서로 꽤 비슷하다. 정(定)이란, 멈춘 지점에 각각 확정된[定] 이치가 있음을 말한다. 정(靜)이란, 외부의 사물을 만나도 움직이지 않을 수 있음을 말한다. 안(安)이란, 머무르는 곳[3)]마다 편안함을 말하는데 이는 정(靜)보다 깊은 경지이다. <거위(去僞)의 기록>(46세).

주석

1 조선고사본에서는 이 앞에 '대학(大學)'이 더 있다.

2 조선고사본, 성화본, 조선정판본에서는 이 앞에 '안(安)'이 더 있다. 만력본부터 '안(安)'이 사라지는 것으로 보아 그때 교감된 듯하다.

3 우(寓)는 '곳', ' 경우' 등의 의미이다. 다음 조목의 거의 같은 구문에서는 이 자리에 '처(處)'자를 쓰고 있다.

14:141

[1]定 · 靜 · 安三字大略相類. 然定是心中知"爲人君止於仁, 爲人臣止於敬". 心下有箇定理, 便別無膠擾, 自然是靜. 如此, 則隨所處而安. <僴>[2].

정(定), 정(靜), 안(安)이라는 세 글자는 서로 대략 비슷하다. 하지만 (차이도 있으니), 정(定)의 경우는 마음 속에서 '임금이 되어서는 인(仁)에 머물고 신하가 되어서는 경(敬)에 머문다'는 것을 아는 것이다. 마음 속에 확정된 이치가 있으면 더 이상 혼란이 없으니 자연히 정(靜)하게 된다. 이렇게 되면 머무는 곳마다 편안[安]하다.[3] <순(僴)의 기록>(59세).

주석

1 조선고사본에서는 이 앞에 '대학중(大學中)'이 더 있다.

2 조선고사본에서는 기록자 표시가 없다.

3 이 조목은 직전 조목과 내용상 차이가 없다. 기록자가 다를 뿐이다.

14:142[1]

"知止而後有定", 如行路一般. 若知得是從那一路去, 則心中自是定, 更無疑惑. 旣無疑惑, 則心便靜; 心旣靜, 便貼貼地[2], 便是安. 旣安, 則自然此心專一, 事至物來, 思慮自無不通透. 若心未能靜安, 則總是胡思亂想, 如何是能慮! <賀孫>.

'멈출 지점을 알고[知止] 나서야 비로소 확정됨[定]이 있게 된다.'는 것은 길을 가는 것과 같다. 어느[那] 길로 가야 할지 알게 되면 마음 속이 자연히 굳어져[定] 더는 의혹이 없게 된다. 의혹이 없으니 마음이 고요해[靜]해지고, 마음이 고요[靜]하니 안온하고[貼貼] 편안[安]해진다. 편안하면 자연히 이 마음이 전일(專一)하여, 일이 닥치고 사물이 올 때 저절로 사려(思慮)에 깨끗하게 이해되지 못하는 것이 없게 된다. 만약 마음이 정(靜)하고 안(安)하지 못하면 생각이 중구난방이 되니 어떻게 제대로 사려할 수[能慮] 있겠는가?

<知止 · 定 · 靜 · 安 · 慮.>[3]

<지지(知止), 정(定), 정(靜), 안(安), 려(慮)에 관한 조목들>

주석

1 조선고사본에서는 14:113과 함께 하나의 조목으로 기록되어 있는데 여정덕이 잘라서 서로 다른 조목으로 만들었다.

2 조선고사본에서는 '지(地)'를 '저(底)'로 적었다.

3 조선고사본에서는 이 부분이 없다.

14:143[1]

定, 對動而言. 初知所止, 是動底方定, 方不走作, 如水之初定. 靜則定得來久, 物不能撓, 處山林亦靜, 處廛市亦靜. 安, 則靜者廣, 無所適而不安. 靜固安, 動亦安, 看處甚事皆安然不撓. 安然後能慮. 今人心中搖漾不定疊, 還能處得事否? 慮者, 思之精審也. 人之處事, 於叢冗急遽之際而不錯亂者, 非安不[2]能. 聖人言雖不多, [3]推出來便有許多說話, 在人細看之耳. <僩>.

정(定)은 동(動)과 대립하는 개념이다. 일단 멈출 지점을 알고 나면, 움직이던[動] 것이 비로소 정(定)해져서 더 이상 나돌지 않게 되니 마치 물이 막 안정되어 멈춘 것과 같다. 정(靜)은 정(定)이 오래 지속되어 외부의 사물이 흔들 수 없는 상태이니, 산림에 있어도 정(靜)하고 시장통에 있어도 정(靜)하다. 안(安)은 정(靜)이 넓어져서 가는 곳마다 편안한 상태를 말한다. 고요할[靜] 때도 물론 편안하지만 움직일[動] 때 역시 편안하다. 그 어떤[看][4] 일을 처리[處]한대도[5] 편안(安)하여 흔들리지 않는다. 안(安)한 후에야 비로소 사려할 수[能慮] 있다. 요즘 사람들은 마음이 요동치고 불안정한데 어떻게 일을 제대로 처리할 수 있겠나? 사려[慮]는 정밀하게 생각하는 것이다. 사람이 일을 처리할 때 복잡하고[叢冗] 급박한 상황에서도 혼란스럽지 않으려면 안(安)하지 않고서는 불가능하다. 성인의 말이 비록 많지 않지만, 유추해서 확장해보면 많은 이야기를 포함하고 있다. 그저 우리가 그것을 세심하게 보느냐 마느냐에 달려있을 뿐이다. <한(僩)의 기록>(69세 이후).

주석

1 지록 38:37에 실려 있다.

2 지록에서는 '불(不)'을 '안(安)'으로 적었다.

3 지록, 조선고사본에서는 이 앞에 '급지(及至)'가 더 있다.

4 '간(看)'의 양보적 용법에 대해서는 14:136을 참조하라.

5 '처(處)'자의 번역에 대해서는 14:135를 참조하라.

14:144

問"安而後能慮".

'안이후능려(安而後能慮)'에 대한 질문

曰: "先是自家心安了, 有些事來, 方始思量區處得當. [1]今人先是自家這裏鶻突了, 到事來[2]都區處不下. 旣欲爲此, 又欲若彼; 旣欲爲東, 又欲向西, 便是不能慮. 然這也從知止說下來. 若知其所止, 自然如此, 這卻不消得工夫. 若知所止, 如火之必熱, 如[3]水之必深, 如食之必飽, [4]飮之必醉. 若知所止, 便見事事決定是如此, 決定著做到如此地位, 欠闕些子, 便自住不得. [5]如說'事父母能竭其力, 事君能致其身', 人多會說得[6]. 只是[7]不曾見得決定著竭其力處, 決定著致其身處. 若決定見得著如此, 看如何也須要到竭其力處, 須要到致其身處. 且如[8]事君, 若不見得決定著致其身, 則在內親近, 必不能推忠竭誠, 有犯無隱; 在外任使, 必不能展布四體, 有殞無二. '無求生以害仁, 有殺身以成仁.' 這若不是見得到, 如何會恁地!"

<賀孫>.

대답: 먼저 자신의 마음이 편안[安]해야만 어떤 일들이 닥쳤을 때 비로소 적절하게 생각하고 처리할 수 있다. 요즘 사람들은 무엇보다도 자신의 마음이 흐리멍텅[鶻突]하기 때문에 일이 닥쳐도 전혀 처리하지 못한다. 이걸 하고 싶은데 다시 저것도 하고 싶고, 동쪽으로 가고 싶

다면서 다시 서쪽으로 가고 싶어하니까 제대로 사려하지[慮] 못하는 것이다. 그런데 이것도 역시 '지지(知止)'에서부터 쭉 설명해 내려가야 한다. 멈출 지점을 알고 나면 자연히 이렇게 되므로 따로 노력[工夫]할 필요가 없다. 만약 멈출 지점을 알면 마치 불(을 만지면) 반드시 뜨겁고 물(에 빠지면) 반드시 깊으며[深][9] 음식을 먹으면 반드시 배불러지고 술을 마시면 반드시 취하게 되는 것처럼 (자연스럽게 정/정/안/려/득 하게) 된다.[10] 만약 멈출 지점을 알면 각각의 일마다 (이 일은) 결단코 이와 같으며 결단코 저 지점[地位][11]에 도달해야 함을 알게 되니, 조금이라도 (그 자리에) 미달하면 자연히 그만두지 못한다. 예를 들어 '부모를 섬길 때 힘을 다하고, 군주를 섬길 때 몸을 바친다'[12]는 말은 다들 할 줄 안다. 단지 정말로 결단코 힘을 다한다는 지점[處]나 몸을 바친다는 지점[處]을 보지 못했을 뿐이다.[13] 만약 결단코 이와 같음을 보게 되면 그 무슨 일이 있어도[看][14] 힘을 다하는 지점에 도달해야 하고 몸을 바치는 지점에 도달해야 한다. 임금 섬기는 것을 예로 들자면 반드시 자기 몸을 바쳐야 한다는 것을 알지 못하면, 내직에 있으면서 임금과 가까울 때에는 반드시 충과 성을 다하지 못하며[推忠竭誠] '과감하게 간쟁하여 기분을 상하게 할지언정 숨기는 것이 없게 하[有犯無隱]'[15]지 못한다. 외직에서 임무를 수행할 때는 반드시 온 몸을 다 바쳐[展布四體][16] 죽을지언정 두 마음을 품지 않은[有殞無二][17] 것처럼 하지 못한다. '목숨을 구걸하느라 인(仁)을 해치는[求生害仁] 일은 없고, 몸을 죽여서 인(仁)을 이루는 일[殺身成仁]은 있다.'[18] 이것[19]을 알지 못한다면 어떻게 이렇게 할 수 있겠나? <하손(賀孫)의 기록>(62세 이후).

<知止 · 安 · 慮.>

<지지(知止), 안(安), 려(慮)에 관한 조목들>

1 조선고사본에서는 이 앞에 '여(如)'가 더 있다.

2 조선고사본에서는 이 뒤에 '변(便)'이 더 있다.

3 이 '여(如)'자는 조선고사본, 만력본, 화각본에는 있고 성화본과 조선정판본에는 없다.

4 조선고사본에서는 이 앞에 '여(如)'가 더 있다.

5 조선고사본에서는 이 앞에 '차(且)'가 더 있다.

6 조선고사본에서는 이 뒤에 '과(過)'가 더 있다.

7 조선고사본에서는 이 뒤에 '다(多)'가 더 있다.

8 조선고사본에서는 이 뒤에 '이금(而今)'이 더 있다.

9 14:88을 보면 '심(深)'은 '한(寒)'이어야 더 자연스럽다.

10 앞 단계에서 뒷 단계로의 이행의 인과적 필연성을 밥먹고 술마시는 일로 비유한 것이다. 14:172와 173에 같은 내용이 있다.

11 '지점[地位]'은 멈추어 마땅한 최선의 자리, 곧 지어지선(止於至善)의 지점을 말한다.

12 논어 1:7.

13 '지점을 보았다[見得 …… 處]'는 것은 '멈출 자리를 안다[知止]'에 대한 설명이다.

14 '간(看)'의 양보 용법에 대해서는 14:136을 보라.

15 예기(禮記) 단궁상(檀弓上). '임금을 섬길 때에는 범하되 숨김이 없고(事君有犯而無隱)'

16 춘추좌씨전(春秋左氏傳) 정공(定公) 4년조에서 '신전사체(臣展四體)', 양공(襄公) 21년조에 '감포사체(敢布四體)'라는 표현이 보인다. 여기서처럼 '전포사체'라고 쓴 경우는 주희가 편찬한 삼조명신언행록(三朝名臣言行錄)의 9-2를 보라. 이 부분은 오늘날 송명신언행록(宋名臣言行錄, 2019) 2권 202쪽에 번역되어 있다.

17 춘추좌씨전(春秋左氏傳) 희공(僖公) 15년. '죽어도 두 마음이 없고(有死無二)'.

'사(死)'를 '운(殞)'으로 인용하는 것은 송대 이후의 습관인 듯하다. 건염이래계년요록(建炎以來繫年要錄) 권 87에서 인용한 호인(胡寅)의 말에 다음과 같은 구문이 있다. '대저 남의 신하된 자로서 임금에게 임명을 받으면 죽어도 두 마음이 없습니다.(夫人臣受命於君, 有殞無二)'

18 논어 15:9.

19 도달해서 머물러야 할 지점을 말한다.

14:145[1)]

李德之問: "'[2)]安而後能慮.' 旣首言知止矣, 如何於此復說能慮?"

이덕지(李德之)[3)]의 질문: '안이후능려(安而後能慮)'라고 했는데, 이미 처음에 '멈출 곳을 알았다[知止]'라고 했으면서 왜 여기서 다시 '사려할 수 있다[能慮]'라고 합니까?

[4)]曰: "旣知此理, 更須是審思而行. 且如知孝於事親, 須思所以爲事親之道."

대답: 어떤 이치를 알았으면 더 깊이 생각하고 실천해야 한다. 예를 들어 부모를 섬기는 효에 대해 알았다면 (그 다음에는) 어떻게 해야 부모를 섬기는 도리가 되는 것인지[5)] 생각해야 한다.

又問: "'知至而後意誠', 如何知旣盡後, 意便能實?"

재질문: '지지이후의성(知至而後意誠)'의 경우, 어째서 앎을 완전히 한 후에야 생각[意]이 진실해질 수 있습니까?

先生指燈臺而言[6]: "如以燈照物, 照見處所見便實; 照不見處便有私意, 非眞實."

선생이 등잔[燈臺]을 가리키며 말함: 등불로 사물을 조명하는 것으로 비유하자면, 비춘 지점에서 드러난 것들은 진실[7]하다. 비추지 않은 부분은 사의(私意)가 있어 진실하지 않다.

又問: "持敬 · 居敬如何?"

재질문: 지경(持敬)과 거경(居敬)은 어떻게 해야 합니까?

[8]曰: "且如此做將去, 不須先安排下樣子, 後卻旋求來[9]合." <蓋卿>.

대답: 우선은 그렇게 해 나가면 된다. 앞서 형식[樣子][10]을 안배해 놓고 그 다음에 다시[11] 거기에 맞추려고 해서는 안 된다. <개경(蓋卿)의 기록>(65세).

주석

1 지록 29:39에 실려 있다.

2 지록에서는 이 앞에 '대학(大學)'이 더 있다.

3 인적사항 미상.

4 지록에서는 이 앞에 '선생(先生)'이 더 있다.

5 일역판에서는 '부모를 섬기기 위해 해야 할 일이 무엇인지 생각해야 한다'고 풀었고 영역판에서는 '왜 사람은 효성스럽게 부모를 섬겨야 하는가를 생각해야 한'고 풀었다. 다른 조목들을 보면 주희는 '려(慮)'를 구체적인 상황 속에서 맥락을 살피는 것으로 풀이하고 있다. 이를 감안하면 일역판과 같이 번역하는 것이 좋다. 예컨대 14:147을 보라.

6 지록에서는 이 뒤에 '왈(曰)'이 더 있다.

7 일역판은 '확실하다'고 풀이했는데 적절하지 않다.

8 지록, 조선고사본에서는 이 앞에 '선생(先生)'이 더 있다.

9 지록에서는 '래(來)'가 없다. 조선고사본에서는 '구래(求來)'를 '래구(來求)'로 썼다. '래'는 본동사의 뒤에 붙어 행위의 방향성을 가볍게 암시해주는 보조동사이다. 우리말로 예를 들자면 '그가 말을 걸어 왔다'라고 말할 때의 '왔다'가 정말로 상대방의 몸이 내 쪽으로 이동했음을 의미하거나 하진 않지만 그의 생각과 동작이 나를 향하고 있음을 가볍게 암시하고 있는 것과 같다. '선'은 접속사나 부사로 더 자주 쓰이므로 '래'를 붙이기에 좋지 않다. 그러므로 여기서는 '구래' 쪽이 더 적당하다고 보았다.

10 미우라 구니오(2012)는 모범, 형태, 샘플 등으로 번역했다. 영역판에서는 'scheme'이라고 풀었다.

11 '각(卻)'과 '선(旋)' 둘 다 대립되는 두 양상을 이어주는 접속사의 역할을 한다. 한편으로는 A이고, 다른 한편으로는 B라는 말이다. 여기서는 '후(後)'가 같이 쓰이면서 A와 B 사이의 시간적 선후를 분명하게 하였다.

14:146

子升[1]問: "知止與能慮, 先生昨以比易中深與幾. 或問中卻兼下'極深研幾'字, 覺未穩."

자승[2]의 질문: 지지(知止)와 능려(能慮)를 선생님께서 어제 주역(周易)의 '심(深)'과 '기(幾)'에 비유하셨습니다. 반면에 대학혹문(大學或問)에서는 (능려를) '극심연기(極深研幾)'라고 쓰셨는데, 온당하지 않다고 봅니다.[3]

曰: "當時下得也未仔細. 要之, 只著得'研幾'字." <木之>.

대답: 당시에는 역시 표현의 구사가[下得][4] 세심하지 못했다. 정리하자면 (그 자리에는) '연기(硏幾)'만 붙일 수 있다.[5] <목지(木之)의 기록>(68세).

주석

1 조선고사본에서는 이 뒤에 '형(兄)'이 더 있다.

2 인적사항 미상. 일역판에서는 조선고사본쪽의 '형(兄)'을 근거로 기록자 목지(木之)의 친형일 수 있다고 추정했다.

3 대학혹문(大學或問)에서는 '능려(能慮)'를 설명하면서 극심연기(極深硏幾)라고 하였는데, 이는 자승이 일전에 주희에게서 구두로 들은 설명에서 극심과 연기를 각각 지지와 능려에 배속한 것과 모순되기 때문에 이렇게 질문한 것이다. 14:163을 참조하라.

극심연기라는 말의 출전은 주역(周易) 계사전(繫辭傳) 상(上) 제 10장이다. '대저 역은 성인이 깊이를 지극히하고 기미를 갈고 닦은 수단이다.(夫易, 聖人之所以極深而硏幾也)'. 심은 깊음이고 극은 그 깊음을 지극히 한다는 것이다. 이는 현상세계에 잘 대응할 수 있도록 흔들리지 않고 안정감 있고 깊이 있는 정신을 구축하려는 노력을 말한다. 연은 갈고 닦는다는 뜻이고 기는 기미이다. 기미를 갈고 닦는다는 것은 현상세계의 다양한 변화의 양상을 면밀히 살펴 파악하려는 노력을 말한다. 변화의 양상을 잘 알면 변화가 시작하려는 바로 그 지점을 언제나 빠르고 정확하게 캐치할 수 있을 것이다. 그래서 '기미'를 살핀다고 한 것이다. 대학의 '지지'와 '능려'의 경우 '지지'쪽이 조금 더 학자 자신의 본질적 능력을 키우는 인상이 있고 '능려'쪽이 현상세계를 향한 관심의 표출 같은 인상이 있다. 그러므로 굳이 극심과 연기를 나누어 배속하자면 극심을 지지에, 연기를 능려에 배속하는 것이 자연스럽다.

4 '하(下)'는 '하자(下字)'를 뜻한다. 대학혹문을 쓸 적에 글자 선택에 있어 세심하지 못했음을 자인한 것이다. 다만 현행본 대학혹문에서는 이 부분을 고치지 않고 그대로 '극심연기'라고 쓰고 있다.

5 14:150에서도 비슷하게 말하고 있으니 참조하라.

14:147

李約之問“安而後能慮”.

‘안이후능려(安而後能慮)’에 관한 이약지(李約之)[1]의 질문.

曰: “若知至了, 及臨時不能慮, 則安頓得不恰好. 且如知得事親當孝, 也知得恁地是孝. 及至事親時不思慮, 則孝或不行, 而非孝者反露矣.” <學蒙>.

대답: 만약 앎이 지극해졌다 하더라도 막상 그 상황이 닥쳤을 때 사려[慮]하지 못한다면 적절히 안배[安頓] 하지 못하게 된다. 예를 들어 부모를 섬김에 응당 효도해야 함을 알았고 또 어떻게 하는 것이 효도인지도 알았다 하더라도 막상 부모를 섬길 때에 사려하지 않으면 효도는 해내지 못하고 역으로 불효[非孝]가 드러나버릴 수도 있다.

<학몽(學蒙)의 기록>(65세 이후).

<安 · 慮.>[2]

<안(安)과 려(慮)에 관한 조목들>

주석

1 인적사항 미상. 어류에서는 여기 한 군데만 등장한다.

2 조선고사본에서는 이 부분을 ‘이하안이후능려(以下安而後能慮)’라고 적었다.

14:148[1)]

問"安而後能慮".[2)]

'안이후능려(安而後能慮)'에 관한 질문

曰: "若不知[3)]此, 則自家先已紛擾, 安能慮!" <德明>.[4)]

대답: 이러하지 않으면[5)] 자기자신부터 먼저 어지러울 터이니 어찌 사려[慮]할 수 있겠는가? <덕명(德明)의 기록>(44세 이후).

주석

1 일역판의 교감기에서 이 조목이 조선고사본에 실려있지 않다고 한 것은 잘못이다.

2 조선고사본에서는 이 부분을 다음과 같이 길게 적었다. '질문: "지이후유정"은 간(艮, 조선고사본의 '良'은 오기임)괘에서 그 자리에 머무는 까닭입니다. "정이후능정"은 각자 자기 자리가 있기 때문에 고요한 것입니다. "정이후능안"은 임금은 임금의 도를 다하고 신하는 신하의 도를 다하여 생각이 자기 지위를 벗어나지 않기 때문에 평안한 것입니다. "안이후능려" 한 구절은 어떤 뜻입니까?(問: "止而後有定", 此良之所以止其所也. "定而後能靜", 各有分位, 故靜. "靜而後能安", 君盡君之道, 臣盡臣之道, 思不出位, 故安. "安而後能慮", 不審此一句如何?')'

3 조선고사본에서는 '지(知)'를 '여(如)'로 적었다. 이쪽의 문세가 더 자연스러우므로 이쪽을 따라 번역했다.

4 조선고사본에서는 이 뒤에 작은 글씨로 '이하지득안려(以下止得安慮)'가 더 있다.

5 '편안[安]하지 않으면'이란 뜻이다.

14:149

能安者, 隨所處而安, 無所擇地而安. 能慮, 是見於應事處能慮.

<節>.

'편안할 수 있다[能安]'는 것은 가는 곳마다 편안한 것이요 자리를 가리지 않고 편안한 것이다. '사려할 수 있다[能慮]'는 것은 사태에 대처하는 자리에서 사려할 수 있다는 것이다.[1)] <절(節)의 기록>(64세 이후).

주석

1 '현어(見於)'는 번역이 난망하다. 영역판에서는 'One's ability to make careful deliberation is manifested in his dealing with events'라고 했는데 적절치 못하다. 이렇게 번역되려면 원문이 '현어응사처능려(見於應事處能慮)'가 아니라 '능려현어응사처(能慮見於應事處)'가 되어야 한다. 일역판에서는 아예 번역하지 않고 넘겼다. 여기서도 적극적으로 풀이하지 않고 남겨 두었다.

14:150[1)]

慮, 是思之重復詳審者. <方子>.

'사려[慮]'란, 생각[思]을 반복하여 자세하고 정밀하게 하는 것이다.

<방자(方子)의 기록>(59세 이후).

주석

1 지록 6:84에 실려 있다.

14:151

慮, 是硏幾. <閎祖>.

'사려[慮]'는 기미를 갈고 닦는 것[硏幾]이다.[1] <굉조(閎祖)의 기록> (59세 이후).

주석

1 14:146, 163을 참조하라. 모두 유사한 내용을 다루고 있다.

14:152[1]

問: "到能得處, 學之工夫盡否?"

질문: '얻을 수 있음[能得]'[2]의 경지에 이르러서는 배움[學][3]의 노력[工夫]이 다 된 것입니까?

曰: "在己之功亦備矣. 又要'明明德於天下', 不止是要了自家一身." <淳>.

대답: 자기자신의 성취[功]로서는 또한 다 갖춘 것이지만 나아가 '천하에 명덕을 밝'혀야 한다. 자기 일신의 차원에서만 하려 해서는 안 된다.[4] <순(淳)의 기록>(61세 혹은 70세).

<得>[5]

<얻음(得)에 관한 조목>

주석

1 조선고사본에서는 14:137과 152가 합하여 하나의 조목이다. 14:137을 참조하라.

2 가장 이상적인 상태, 지선의 지점에 평안하게 머물게 되는 상태를 성취한 것이다. 이는 앎에서 시작하여 그 앎이 일신에 실현된, 즉 성취된 상태를 말한다.

3 이것이 '대학'이라는 책을 지칭하는 것인지 학문 일반을 의미하는 것인지 확실치 않다. 일역판은 책제목으로 보았고 영역판은 학문 일반으로 보았다.

4 '지(止)'는 '지(只)'와 같다.

5 조선고사본에서는 이 부분이 없다.

14:153

[1]因說知止至能得: 上云"止於至善"矣, 此又提起來說. 言能知止, 則有所定; 有所定, 則知其理之確然如是. 一定, 則[2]不可移易, 任是千動萬動, 也動搖他不得. 旣定, 則能靜; 靜, 則能安; 安, 則能慮; 慮, 則能得其所止之實矣. <卓>.

이어서[因] '지지(知止)'에서 '능득(能得)'에 이르는 과정을 설명함: 위에서 '지어지선(止於至善)'이라고 했는데 여기서[3] 다시 (같은 내용을) 거론한 것이다. 이 부분은 이런 말이다. 멈출 지점을 알면[知止] 확정된[定] 바가 있게 된다. 확정된[定] 바가 있으면 이치가 확연(確然)히 이와 같음을 알게 된다. 한번 확정되고[定] 나면 옮길[移易][4] 수 없으니, 제아무리[任是] 천 번 만 번 흔들어도 그를 동요시킬 수 없다. 확정되면[定] 고요할[靜] 수 있고, 고요하면 편안할[安] 수 있으며, 편안하면 사려할[慮] 수 있고, 사려하면 실제로 머물러야[止]하는 지점을 구체적이고 실질적으로[5] 획득[得]할 수 있다. <탁(卓)의 기록>(미상).

<知止至能得.>[6]

<'지지(知止)'에서 '능득(能得)'에 이르는 과정에 관한 조목>

주석

1 조선고사본에서는 이 앞에 '선생(先生)'이 더 있다.

2 조선고사본에서는 이 뒤에 '경(更)'이 더 있다.

3 '지지'에서 '능득'까지 개념 연쇄는 바로 앞에 나오는 '지어지선'과 내용상 다르지 않다는 말이다.

4 이 표현은 14:136에서도 사용하고 있다.

5 일역판은 '소지지실(所止之實)'을 '소지지지(所止之地)'와 같다고 보고 그렇게 풀이하였다. 영역판의 경우 'attain substantially the point where to rest'라고 풀었는데 이는 '실'자를 부사로 처리한 것이다. 여기서는 영역판의 취지를 따라 이론상으로서가 아니라 실제로 마주하는 특수하고 구체적인 각각의 지점들을 획득한다는 의미로 보았다.

6 조선고사본에서는 이 부분이 없다.

14:154[1]

'知止至[2]能得'.[3] 蓋才知所止, 則志有定向; 才定, 則自能靜; 靜, 則自能安; 安, 則自能慮; 慮, 則自能得. 要緊在能字. 蓋滔滔而去, 自然如此者. 慮, 謂會[4]思量事. 凡思天下之事, 莫不各得其當, 是也. <履孫>.

'지지(知止)에서 능득(能得)에 이르기까지.' 대개 멈출 지점을 알게 되면 뜻에 확정된 방향이 생긴다.[5] (방향이) 확정되면 자연히 고요할[靜] 수 있고, 고요하면 자연히 편안할[安] 수 있고, 편안하면 자연히 사려할[慮] 수 있으며, 사려하면 자연히 얻을[得] 수 있다. 핵심은 '할 수 있고[能]'라는 글자에 있다. 이는 (마치 거대한 강물이) 도도히 흘러가듯 자연스럽게 이렇게 되는 것이다.[6] 사려[慮]는 사태에 대해 잘 생각할 수 있다는 말이다. 세상의 여러 일들에 대한 자신의 생각이 모두 온당하게 된다는 말이다.[7] <리손(履孫)의 기록>(65세).

주석

1 지록 32:5에 실려 있다.

2 조선고사본에서는 이 뒤에 '려이후(慮而後)'가 더 있다.

3 지록에서는 '지지지능득(知止至能得)'을 다음과 같이 길게 썼다. '지지이후유정, 정이후능정, 정이후능안, 안이후능려, 려이후능득(知止而後有定, 定而後能靜, 靜而後能安, 安而後能慮, 慮而後能得.)' 대학(大學) 경(經)의 한 대목을 그대로 인용한 것이다.

4 지록에서는 '회(會)'가 없다.

5 '확정된 방향'에 관해서는 14:126과 163을 보라.

6 이외에 전후 단계가 자연스럽게 이어진다는 것을 강조한 조목으로는 14:144가 있다.

7 이 조목은 이어지는 14:155, 156과 대동소이하니 서로 비교하며 보는 것이 좋다.

14:155

'知止', 只是先知得事理如此, 便有定. 能靜, 能安, 及到事來, 乃能慮. 能字自有道理. 是事至物來之際, 思之審, 處之當, 斯得之矣. <夔孫>.

'지지(知止)'란, 그저 먼저 사물의 이치가 이러이러함을 알게 된다는 것 뿐이니, (이렇게 되면 심지가) 확정[定]된다. 고요할[靜] 수 있고, 편안할[安] 수 있으며, 일이 닥쳤을 때에 사려할[慮] 수 있다. '할 수 있다[能]'는 글자에는 원래 이런 도리가 있다.[1] 이는 일이 닥치고 사물이 올 때에 신중히 생각하고 적절하게 대처해야 비로소 (마땅히 멈추어야 하는) 그 지점을 얻게[得] 된다는 것이다. <기손(夔孫)의 기록>(68세 이후).

주석

1 여기서의 '도리'는 이 조목만의 문맥만으로는 번역이 어렵다. 다만 앞뒤 조목을 참조하면 '앞에서 뒤로의 연쇄적 인과'를 뜻한다고 짐작할 수 있다.

14:156

問: "據知止, 已是思慮了, 何故靜·安下復有箇'慮'字? 旣靜·安了, 復何所慮?"

질문: '지지(知止)'의 단계에서 이미 사려(思慮)했는데 어째서 고요함[靜]과 편안함[安] 뒤에 다시 사려[慮]라는 글자가 있습니까? 이미 고요하고 편안해졌는데 무엇을 다시 사려합니까?

曰: "知止, 只是先知得事理如此, 便有定.[1] 能靜能安, 及到事至物來, 乃能慮. '能'字自有意思. 謂知之審而後能慮,[2] 慮之審而後能得.” <賜>.

대답: ‘지지(知止)’란, 그저 먼저 사물의 이치가 이러이러하다고 알게 된다는 것뿐이니, (그렇게 되면 심지가) 확정된다. 고요할 수 있고 편안할 수 있으면 일이 닥치고 사물이 올 때 사려할 수 있다. ‘할 수 있다[能]’라는 글자에 자연히 이런 뜻이 있다. 이는 앎이 깊어야 사려할 수 있고, 사려가 깊어야 얻을[得] 수 있음을 말한다.[3]

<사(賜)의 기록>(66세 이후).

주석

1 조선고사본에서는 ‘유정(有定)’이 없다.

2 조선고사본에서는 ‘능자자유(能字自有)’부터 ‘이후능려(而後能慮)’까지 14자가 없다.

3 154부터 156까지는 사실상 같은 구절이다. 서로 비교해가며 읽어보면 해석은 어려울 것이 없다. 사소한 구문상의 차이는 기록자의 차이로 설명할 수 있다.

14:157

或問定靜安慮四節.

누군가 정(定), 정(靜), 안(安), 려(慮) 네 절목에 대하여 질문함.

曰: “物格·知至, 則天下事事物物皆知有箇定理. 定者, 如寒之必衣, 飢之必食, 更不用商量. 所見旣定, 則心不動搖走作, 所以能靜. 旣靜, 則隨所處而安. 看安頓在甚處, 如處富貴·貧賤·患難, 無往而不安. 靜者, 主心而言; 安者, 主身與事而言. 若人所見未定, 則心何緣得靜. 心若不靜, 則旣要如彼, 又要如此, 身何緣得安. 能慮, 則是前面所知之事到得, 會行得去. 如平時知得爲子當孝, 爲臣當忠, 到事親事君時, 則能思慮其曲折精微而得所止矣." <胡泳>.

대답: 사물이 탐구되고[物格] 앎이 지극해지면[知至] 세상 모든 사태와 사물이 확정적 이치[定理]를 가지고 있음을 알게 된다. 확정적[定]이란 것은 마치 추운 자는 반드시 옷을 입고 굶주린 자는 반드시 음식을 먹는 것처럼 더 생각해볼 필요가 없다는 것이다.[1] 본 것이 이렇게 확정[定]되고 나면 마음이 동요하거나 달아나지 않으므로 고요할[靜] 수 있다. 고요해지고 나면 가는 곳마다 편안하다. 그 어떤[看] 상황에 놓이더라도, 예컨대 부귀, 빈천, 환난 같은 경우에도 가서 편안치 않은 경우가 없다. 고요함[靜]은 마음을 중심으로 말한 것이요 편안함[安]은 몸과 상황을 중심으로 말한 것이다. 만약 그 사람의 본 것이 아직 확정되지 않았으면 (그의) 마음이 무슨 수로 고요해질 수 있겠는가? 마음이 고요하지 않으면 저렇게 하고 싶다가도 다시 이렇게 하고 싶어지니 몸이 무슨 수로 편안할 수 있겠는가? 사려[慮]할 수 있다는 것은 눈 앞에 내가 (어떻게 처리해야 가장 좋은 것인지 이미) 아는 사태가 닥쳤을 때 그것을 (아는대로) 실천할 수 있음을 의미한다. 예를 들어, 평소에 아들이 되어서는 효도해야 하고 신하가 되어서는 충성해야 한다는 것을 알고 있었다면 (실제로) 부모를 섬기고 군주를 섬길 때에 이르러 각각의 구체적이고 복잡한 사정과 미묘한 부분을 사려하여 (마땅히) 멈출 (최선의) 지점을 얻을[得] 수 있다.

<호영(胡泳)의 기록>(69세).

주석

1 16:72에 비슷한 유비가 있으니 참조하라.

14:158

琮曰: "上面已自知止, 今慮而得者, 依舊是知底意思"云云.

나[琮][1]의 질문: 위에서 이미 멈출 바를 알았다[知止]고 했는데 지금 사려하여[慮] 얻는[得]다고 하니 여전히 앎[知]에 관한 뜻입니다. (생략)[2]

先生曰: "只上面是方知, 下面是實得耳."

선생의 대답: 위쪽은 이제 막 알게 된 것이고 아래쪽 구문은 진실로 얻은[得] 것이다.

問: "如此, 何用更過定·靜·安三箇節目?"

질문: 그렇다면 왜 다시 '정(定)', '정(靜)', '안(安)' 세 단계를 거쳐야 합니까?

曰: "不如此, 不實得."

대답: 그렇게 하지 않으면 진실로 얻을 수 없기 때문이다.

曰: "如此, 上面知止處, 其實未有知也. 通此五句, 才做得'致知在格物'一句."

질문: 그렇다면 위에서 멈출 바를 알았다[知止]고 한 것은 사실 아직 안 것이 아닙니다. 이 다섯 단계[3]를 통과해야 비로소 '치지는 격물에 달려있다[致知在格物]'라는 한 구절을 해내는 것입니다.

曰: "今人之學, 卻是敏底不如鈍底. 鈍底循循而進, 終有得處. 敏底只是從頭呼揚將去, 只務自家一時痛快, 終不見實理." <琮>.

대답: 요즘 사람들의 배움은 영민한 사람이 우둔한 사람만 못하다. 우둔한 사람은 차근차근 나아가니 끝내 얻는 지점이 있다. 영민한 사람은 그저 처음부터 큰소리만 쳐가며 순간적인 통쾌함에만 힘쓰다가 결국에는 실질적인 이치[實理][4]를 보지 못한다.[5] <종(琮)의 기록>(65세).

주석

1 기록자 오종(吳琮) 본인의 말이다.

2 '운운(云云)'은 생략기호이다.

3 정, 정, 안, 려, 득의 다섯 단계를 말한다.

4 '실리(實理)'는 생활 속에서 발견하고 응용할 수 있는 이치를 말한다. 주희는 경쟁하는 사상조류들, 예컨대 불교에서 논하는 고담준론은 현실과 결부되는 지점이 없다는 측면에서 공허(空虛)하다고 보았다. 반면에 유학의 이치들은 실질적이고 현실적이라는 의미에서 실(實)하다.

5 이 마지막 대답의 취지는 질문자의 말꼬리잡기에 대한 비판인 듯하다.

14:159

問: "定, 卽心有所向, 不至走作, 便靜; 靜, 便可以慮, 何必待安?"

질문: 확정되면[定] 마음에 지향하는 방향이 생겨서 달아나지 않게 되니 고요하다[靜]고 하셨습니다. 고요[靜]하면 바로 사려[慮]할 수 있을 텐데 왜 사려하기 전에 편안해질[安] 필요가 있습니까?

曰: “安主事而言, 不安便不能思. 譬如靜坐, 有件事來撓, 思便不得專一. 定·靜·安都相似. 未到安處, 思量未得. 知止, 是知箇慈, 知箇孝. 到得時, 方是得箇慈, 得箇孝底道理. 慮, 是慮箇如何是慈, 如何是孝.”

대답: 편안함[安]은 사태를 중심으로 말한 것이다. 불안하면 생각할[思] 수 없다. 비유하자면 정좌(靜坐)중일 때 어떤 사태가 발생해 흔들어버리면 생각[思]이 전일(專一)할 수 없다. 확정됨[定], 고요함[靜], 편안함[安]은 모두 비슷하다. 편안함의 상태에 이르지 않으면 생각할[思量] 수 없다. 지지(知止)는 (부모가 되어서 멈추어 머물러야 할 지점인) 자애[慈]를 알고 (자식이 되어서 멈추어 머물러야 할 지점인) 효성[孝]을 아는 것이다. 얻음[得]의 단계에 이르러서야 비로소 자애와 효성의 도리를 얻는 것이다.[1)] 사려[慮]는 어떻게 해야 자애이고 어떻게 해야 효성인지 사려하는 것이다.[2)]

又問: “至於安時, 無勉强意思否?”

다시 질문: 편안함[安]의 상태에 이르면 애써 열심히 하는[勉强] 느낌[意思]은 없습니까?

曰: “在貧賤也安, 在富貴也安, 在這裏也安, 在那裏也安. 今人有在這裏不安了, 在那裏也不會安. 心下無理會, 如何會去思慮?”

대답: 빈천에서도 편안하고, 부귀에서도 편안하며, 여기에서도 편안하고, 저기에서도 편안하다. 요즘 사람들은 여기서 편안하지 않으니 저기서도 편안하지 못하다. 마음 쪽에서 헤아림[理會]이 없으면[3] 어떻게 (각각의 상황의 맥락을) 사려[思慮]할 수 있겠나?

問: "章句中'慮謂思無不審', 莫是思之熟否?"

질문: 대학장구(大學章句)에서 '려(慮)는 생각에 자세하지 않음이 없다'고 하신 것은 익숙하게 생각한다는 것 아닙니까?

曰: "慮是思之周密處." <芝>.

대답: '려(慮)'는 주도면밀[周密]한 생각이다. <지(芝)의 기록>(63세).

주석

1 앞의 몇 개 조목에서 여기에 이르기까지 반복해서 등장하는 이 얻음[得]은 '멈출 곳을 얻었다(得其所止)'의 얻음이다. 도리를 알고 실천하기까지의 과정에서 최종단계, 즉 실천에까지 성공한 마지막 단계를 가리킨다. 일역판의 경우 이를 자주 '체득'이라고 풀이하는데 적절치 않다. 영역판은 일관되게 'attain'이라고 풀이하는데 조금 모호하긴 하지만 이쪽이 더 나은 선택이다.

2 각 상황의 구체적 맥락과 디테일을 심사숙고한다는 뜻이다. 14:154, 155 등을 보라.

3 질문 내용 중 '면강의사(勉强意思)' 부분을 이렇게 풀이한 것이다.

14:160[1)]

王子周問知止至能得.

왕자주(王子周)[2)]가 '지지(知止)'에서 '능득(能得)'까지에 대해 질문.

曰: "這數句, 只是要曉得知止. 不知止, 則不能得所止之地. 如'定·靜·安'數字, 恰如今年二十一歲, 來年二十二歲, 自是節次如此來, 自不可遏. 如'在明明德, 在新民, 在止於至善'這三句, 卻緊要只是'在止於至善'; 而不說知止, 則無下工夫處." <震>.

대답: 이 몇 구절은 그저 '지지(知止)'를 이해해야 한다. 멈출 지점을 알지[知止] 못하면 그 지점을 얻을[得] 수 없다. '정(定)', '정(靜)', '안(安)' 등 몇 글자는 마치 올해 스물한 살이면 내년에 스물두 살이 되는 것처럼 자연히 순서가 이렇기 때문에 원래 막을 수 없는 것이다. '명덕(明德)을 밝힘에 있고, 신민(新民)에 있으며, 지어지선(止於至善)에 있다'[3)]는 이 세 구절 중에서는 '지어지선(止於至善)'이 가장 긴요하다. 하지만 (삼강령에 바로 이어서) '지지(知止)'를 말하지 않으면 실제로 노력[工夫]을 기울일 곳이 없게 된다. <진(震)의 기록>(65세).

주석

1 조선고사본에는 이 조목과 동일한 조목은 없고 비슷한 조목은 있다. '왕자주가 지지에서 능득에 이르는 과정에 대해 질문. 대답: 그밖의 다른 건 다 이해할 필요 없고, 우선 지지(知止)를 이해해야 한다. 이는 마치 어떤 사람이 올해 20세라면 내년에 21세, 후년에 22세가 되어, 매년 저절로 한 살씩 자라는 것과 같다. 멈출 지점을 알려면[知止] 반드시 "재명명덕, 재신민, 재지어지선"을 알아야 한다. 지선의 지점에서 멈출 줄 알아야만 한다. (王子周問知止至能得. 曰: 其他皆未須理會, 且要理會知止. 便如人今年二十歲, 明年二十一歲, 後年二十二

歲, 一年自向長一年. 知止須知 "在明明德, 在新民, 在止於至善." 至善處須知止方可.)'

2 인적사항 미상. 어류에서는 이곳 한 곳에서만 등장한다.

3 대학(大學) 경(經).

14:161

游[1]子蒙問: "知止, 得止, 莫稍有差別否?"

유자몽(游子蒙)[2]의 질문: '지지(知止)'와 '득지(得止)'에는 차이가 있습니까?

曰: "然. 知止, [3]如射者之於的; 得止, 是已中其的."

대답: 그렇다. 지지(知止)는 사수에게 있어 과녁과 같고, 득지(得止)는 이미 과녁에 명중한 것과 같다.

問: "定 · 靜 · 安矣, 如之何而復有慮?"

재질문: 정(定) · 정(靜) · 안(安)이 되었는데 어째서 다시 사려합니까?

曰: "慮是事物之來, 略審一審."

대답: 사려[慮]는 사태와 사물이 다가올 때 그것을 한 번 세심히 살펴보는 것이다.[4]

劉淮叔通問: "慮與格物致知不相干."

자(字)가 숙통(叔通)인 유회(劉淮)[5]의 질문: 사려(慮)와 격물치지(格物致知)는 관련이 없는 것 아닙니까?[6]

曰: "致知, 便是要知父止於慈, 子止於孝之類. 慮, 便是審其如何而爲孝, 如何而爲慈. 至言仁則當如堯, 言孝則當如舜, 言敬則當如文王, 這方是得止."

대답: 치지(致知)는 '아버지는 자애에 멈추고, 자식은 효도에 멈춘다' 같은 것을 알고자 하는 것이다. 사려[慮]는 어떻게 해야 효도가 되는지, 어떻게 해야 자애가 되는지를 세심히 살피는 것이다.[7] 인(仁)으로 말하자면 요(堯)와 같아야 하고, 효로 말하자면 순(舜)과 같아야 하고, 경(敬)으로 말하자면 문왕(文王)과 같아야 한다. 이렇게 되어야 비로소 멈출 지점을 얻었다[得止]고 할 수 있다.

子蒙言: "開欲以'明德'之'明'爲如人之失其所有, 而一旦復得, 以喩之. 至'慮'字, 則說不得."

자몽(子蒙)의 말: 저는[開] '덕을 밝힘[明德]'의 밝힘[明]을 사람이 자신이 소유한 것을 잃었다가 어느 날 문득 되찾는 것에 비유하고 싶습니다. 그런데 (이렇게 하면) '려(慮)'자가 설명이 안 됩니다.

曰: "知止而有定, 便如人[8]撞著所失, 而不用終日營營以求之. 定而靜, 便如人[9]旣不用求其所失, 自爾甯靜. 靜而安, 便如人[10]旣知某物在甚處, 某物在甚處, 心下恬[11]然無復不安. 安而慮, 便如自家金物都自[12]在這裏, 及人來問自家討甚金物, 自家也須將上手審一審, 然後與之. 慮而得, 則稱停輕重, 皆相當矣."

대답: 멈출 바를 알아서 (마음의 방향이) 확정된다[定]는 것은 마치 사람이 잃어버린 것을 우연히 발견하여[撞著所失] 온종일 그것을 찾으려고 애쓸 필요가 없어진 것과 같다. 확정[定]되면 고요[靜]하다는 것은 마치 사람이 잃어버린 것을 찾으려고 하지 않아도 된 이상 자연히 마음이 평온해지는 것과 같다. 고요[靜]하면 편안[安]하다는 것은, 마치 이 물건은 여기에 있고 저 물건은 저기에 있다고 이미 다 알게 되어 마음이 편안하여 다시는 불안하지 않은 것과 같다. 편안[安]하면 사려[慮]한다는 것은, 마치 자신의 금붙이가 모두 여기에 있는데, 누군가가 와서 그것을 조금 사가려고[討][13] 할 때, 자기 손에 (물건을) 올려두고 세심히 살펴본 다음에 건네주는 것과 같다. 사려[慮]하면 얻는[得]다는 것은, 저울의 무게가 평형을 이루어[稱停] (받은 것과 준 것이) 모두 딱 맞는 것과 같다.

或又問: "何故知止而定·靜·安了, 又復言慮?"

누군가 다시 질문함: 왜 지지(知止)하여 정(定) · 정(靜) · 안(安)이 이루어진 후에도 다시 사려[慮]하라고 합니까?

曰: "且如'可以予, 可以無予; 可以取, 可以無取; 可以死, 可以無死', 這上面有幾許商量在." <道夫>.

대답: 이를테면 '주어야 할 것 같지만 더 생각해보면 주지 않는 게 맞는 경우, 취해야 할 것 같지만 더 생각해보면 취하지 않는 게 맞는

경우, 죽어야 할 것 같지만 더 생각해보면 죽지 않는 게 맞는 경우'[14] 와 같은 문제들에서 많은 생각[商量]이 필요하다.[15]

<도부(道夫)의 기록>(60세 이후).

주석

1 조선고사본에서는 이 뒤에 '개(開)'가 더 있다.

2 이름은 개(開), 자(字)는 자몽. 진영첩(Wing-tsit Chan, 陳榮捷, 1901~1994)은 주희의 제자라기보다는 벗[友人]으로 분류했다. 주자문인(朱子門人, 2007) p.165을 참조하라. 덩칭핑(邓庆平)은 그가 이정의 제자 중 하나인 유작(游酢, 1053~1123)의 종손(從孫)이라고 했다. 주자문인여주자학(朱子門人與朱子學, 2017) p.511을 보라.

3 조선고사본에서는 이 앞에 '시(是)'가 더 있다.

4 략(略)은 대강 하는 것이고 x일x(x—x) 같은 경우도 x를 한 번 해보다(대강 시도는 해보다) 정도의 의미이다. 무겁지 않게 툭 건드려 본다는 뉘앙스가 있다. 반면에 심(審)은 깊고 세심하게 살펴본다는 느낌이 있어서 뉘앙스가 서로 어긋난다.

5 유개와 종종 같이 등장한다. 진영첩은 그 역시 주희의 벗으로 분류했다.

6 사려도 이성적 탐구행위이고 격물치지도 이성적 탐구행위이므로 양자의 차이를 질문한 것이다.

7 구체적인 맥락과 방안을 숙고하는 행위를 말한다.

8 조선고사본에서는 이 뒤에 '지(之)'가 더 있다.

9 조선고사본에서는 이 뒤에 '지(之)'가 더 있다.

10 조선고사본에서는 이 뒤에 '지(之)'가 더 있다.

11 조선고사본과 조선정판본에서는 '념(恬)'을 '첩(帖)'으로 적었고, 성화본에서는 '점(忄+占)'으로 적었다. '첩'에도 안정, 평정의 뜻이 있으니 실질적인 차이는 크지 않다. 고문해의에서는 '첩' 쪽을 지지하고 있다.

12 조선고사본에서는 이 뒤에 '유(有)'가 더 있다.

13 이 글자는 다른 모든 번역본에서 '구하다', '요구하다' 등으로 보았다. 그러나 이 대목에서 주희의 마지막 발언을 고려할 때 대가를 치르고 사가는 형식이어야 말이 맞다.

14 맹자 4B:23.

15 문장 말미의 '재(在)'자는 단정적인 어조를 나타낸다.

14:162

問"知止而後有定".
'머물 곳을 알고 나서 확정된다.'에 대한 질문.

曰: "須是灼然知得物理當止之處, 心自會定."[1)]

대답: 모름지기 (각각의) 사물의 이치상 머물러야 마땅한 (최선의) 지점을 명명백백[灼然]하게 알아야 하니, (그래야) 마음도 자연히 확정된다.

又問: "上旣言知止了, 何更待慮而後能得?"

다시 질문: 이 윗부분에서 이미 머물 곳을 알았다[知止]고 말했는데 왜 다시 사려[慮]한 뒤에야 (머물 곳을)얻을[得] 수 있다고 하는 겁니까?

曰: "知止是知事事物物各有其理. 到慮而後能得處, 便是得所以處事之理. 知止, 如人之射, 必欲中的, 終不成要射做東去, 又要射做西去. 慮而後能得, 便是射而中的矣. 且如人早間知得這事理如此, 到晚間心裏定了, 便會處置[2)]得這事. 若是不先知得這道理, 到臨事時便脚忙手亂, 豈能慮而有得!”

대답: 머물 곳을 알았다[知止]는 것은 사사물물에 각각 그 이치[理]가 있음을 알았다는 것이다. 사려[慮]한 뒤에야 얻을[得] 수 있다는 것은 (실제로) 사태를 처리하는 방법[所以]의 이치[理][3]를 얻었다는 것이다. 머물 곳을 안다는 것은 비유하자면 사람이 활을 쏠 때 반드시 과녁에 적중하기를 원하여 끝내 동쪽으로 쏘려 했다가 다시 또 서쪽으로 쏘려고 (오락가락) 하지 않는 것과 같다. 사려한 뒤에야 얻을 수 있다는 것은 정말로 쏘아서 과녁에 적중한 것이다. 또 비유하자면 누군가 아침에 이 사태의 이치가 이러이러하다는 것을 알고 저녁에 이르러 마음이 굳게 정해지면 이 일을 실제로 처리할 수 있게 되는 것과 같다. 만약 앞서서 이 도리를 알지 못했다면 사태에 임하여 손발을 허둥거릴 것이다. 어찌 '사려하여 얻을' 수 있겠는가?

問: “未格物以前, 如何致力?”

질문: 사물의 이치를 탐구[格物]하기 이전에는 어떻게 노력[致力]합니까?

曰: “古人這處, 已自有小學了.” <砥>.

대답: 고대의 사람들은 그 부분에 대해 이미 소학(小學)이 있었다.

<지(砥)의 기록>(61세).

<寓同.[4]>

<우(寓)의 기록도 같다.>

1 이 대목은 14:123과 완전히 일치한다.

2 조선고사본에서는 이 글자가 없다.

3 어떤 사안의 처리에 있어서의 당위뿐만 아니라 구체적인 방안까지 포함한 말이다.

4 조선고사본에서는 '우동(寓同)'이 없다.

14:163[1]

子升[2]問知止·能慮之別.

자승(子升)[3]이 '머물 곳을 안다[知止]'와 '사려할 수 있다[能慮]'의 차이를 물었다.

曰: "知止, 是知事物所當止之理. 到得臨事, 又須硏幾審處, 方能得所止. 如易所謂'惟深也故能通天下之志', 此似知止; '惟幾也故能成天下之務', 此便是能慮. 聖人言語自有不約而同處."

대답: '머물 곳을 안다'는 것은 각각의 사건과 사물에 있어 (그때그때) 응당 머물러야 하는 이치[理]가 무엇인지 알았다는 것이다. (하지만) 실제 사태에 임하여서는 추가로 (사태의) 기미를 세밀하게 살피고[硏幾] 신중히 처리하여야만[審處] 비로소 머물 곳을 얻을 수 있다[能得所止]. 역(易)에서 이른바 '깊이[深] 파고들었기 때문에 천하 모든 것의 의지를 완전히 이해한다[通]'는 것은 '머물 곳을 안다'와 비슷하다. '사태의 기미를 세밀하게 살폈[幾]기 때문에 천하의 모든 일을 완수할 수

있다'[4]는 것은 '생각할 수 있다'에 해당한다. 성인들의 말에는 (이처럼) 미리 맞춰보지 않고도 동일한 경우가 있다.[5]

木之說: "如此則知止是先講明工夫, 能慮是臨事審處之功."

내[木之]가 말함: 그렇다면 '머물 곳을 안다[知止]'는 것은 (일에) 앞서 (이치를) 따지고 밝히려는 노력[工夫]이고 '사려할 수 있다[能慮]'는 것은 일에 임해서 신중하게 대처한다는 결과[功]로군요.

曰: "固是."

대답: 정말로 그렇다.

再問: "'知止而后有定', 注謂'知之則志有定向'. 或問謂'能知所止, 則方寸之間, 事事物物皆有定理矣'. 語似不同, 何也?"

재질문: '머물 곳을 알고 나서 확정된다'는 부분에 대한 대학장구(大學章句)의 주석은 '알고 나면 심지에 확정된 방향이 생긴다'입니다. 대학혹문(大學或問)에서는 '머물 곳을 알 수 있으면 마음 속과 사사물물에 모두 확정된 이치[定理]가 있게 된다.'고 했습니다. 말이 서로 다른 것 같은데 어째서입니까?[6]

曰: "也只一般." <木之>.

대답: 역시 다 같은 말이다. <목지(木之)의 기록>(68세).

1 조선고사본에서는 통행본의 15:70과 14:163이 하나의 조목으로 기록되어 있다. 15:70이 먼저 나오고 14:163이 뒤이어 나오는 형태이다. 이 조목에서 다루는 내용은 14:146과 관련이 있으니 이쪽 또한 참조하라.

2 조선고사본에서는 '자승(子升)'을 '우(又)'로 썼다. 이미 해당 조목의 머리에서 '자승'이 언급되었기 때문이다.

3 인적사항 미상. 14:146을 참조하라.

4 주역(周易) 계사전(繫辭傳) 상(上) 제 10장. '깊이 파고들었기 때문에 천하 모든 것의 의지를 완전히 이해한다. 사태의 기미를 세밀하게 살폈기 때문에 천하의 모든 일을 완수할 수 있다.(唯深也故, 能通天下之志, 唯幾也故, 能成天下之務)' 극심과 연기의 의미에 대해서는 14:146의 주석에 자세하니 참조하라.

5 해당 내용이 보편타당하다는 말이다.

6 목지가 지적한 대로 두 텍스트는 확정[定]이라는 글자를 다르게 사용했다. 대학장구에서는 윤리적 당위를 인식한 뒤에 그 당위를 실천하기 위한 의지력이 굳어졌다는 뜻으로 풀이했다. 영역판에서는 이를 'determination'이라고 풀었는데 타당하다. 반면에 대학혹문에서는 각각의 마음 속으로 각각의 윤리적 당위가 확정적인 윤리적 당위라고 믿게 되었다는 것처럼 보인다. 물론 각각의 당위가 확정적이라고 믿게 되면 윤리적 실천을 향한 그 사람의 의지는 굳어질 것이니 결과만 놓고 보면 다르지 않다. 하지만 아무리 그래도 양쪽에서 주희가 '정'자의 훈고를 다르게 했다는 것은 변함 없는 사실이다.

14:164

知止, 只是知有這箇道理, 也須是得其所止方是. 若要得其所止, 直是能慮方得. 能慮卻是緊要. 知止, 如知爲子而必孝, 知爲臣而必忠. 能得, 是身親爲忠孝之事. 若徒知這箇道理, 至於事親之際, 爲私欲所汩, 不能盡其孝; 事君之際, 爲利祿所汩, 不能盡其忠, 這便不是能得矣. 能慮, 是見得此事合當如此, 便如此做. <道夫>.

머물 곳을 안다[知止]는 것은 그저 이러이러한 도리가 있음을 아는 것 정도이다. 나아가 또 반드시 머물 곳을 얻어야만[得] 한다. 머물 곳을 얻으려면 사려할 수 있어야만[能慮] 된다. 사려할 수 있음[能慮] 단계가 매우 중요하다. 머물 곳을 안다는 것은 말하자면 아들이 되어서는 반드시 효도해야 함을 아는 것, 신하가 되어서는 반드시 충성해야 함을 아는 것이다. (사려하여) 얻을 수 있음[能得]은 몸소 충효(忠孝)의 일을 실천하는 것이다. 만약 그저 이러이러한 도리를 알기만 할 뿐이라면 어버이를 실제로 섬기게 되었을 때 사욕(私欲)에 빠져서 그 효를 온전히 다할 수 없을 것이요 임금을 실제로 섬기게 되었을 때 녹봉에 빠져서 그 충을 온전히 다할 수 없을 것이다. 이렇게 되면 '얻을 수 있음[能得]'이 아닌 것이다. 사려할 수 있음[能慮]은 이 일은 마땅히 이렇게 해야 한다는 것을 알아서 실제로 그렇게 하는 것이다.

<도부(道夫)의 기록>(60세 이후).

14:165

人本有此理, 但爲氣稟物欲所蔽. 若不格物·致知, 事至物來, 七顚八倒. 若知止, 則有定, 能慮, 得其所止. <節>.

사람에겐 본래 이 이치[理]가 있으나 타고난 기질[氣稟]과 물욕(物欲)에 뒤덮인다. 만약 격물치지(格物致知)해두지 않으면 사태와 사물이 이르렀을 때 반드시 엉망진창[七顚八倒] 실패할 것이다. 머물 곳을 알면 심지가 확정되고, 사려할 수 있게 되고, 머물 지점을 얻게 된다.

<절(節)의 기록>(64세 이후).

14:166

問知止至能得.

'머물 곳을 알면[知止]' 부터 '얻을 수 있다[能得]' 까지에 대한 질문.

曰: "眞箇是知得到至善處, 便會到能得地位. 中間自是效驗次第如此. 學者工夫卻在'明明德, 新民, 止於至善'上. 如何要去明明德, 如何要去新民, 如何要得止於至善, 正當理會. 知止·能得, 這處卻未甚要緊. 聖人但說箇知止·能得樣子在這裏." <寓>.

대답: 진실로 지선(至善)한 지점을 알아야만 '얻을 수 있다[能得]'의 단계에 도달할 수 있다. 그 사이의 것들은[1] 그 효험(效驗)의 순서가 본래 이와 같다는 말이다. 배우는 사람이 힘 쓸 자리는 오히려 '명명덕, 신민, 지어지선' 쪽이다. 바로 어떻게 명덕을 밝힐 것인가, 어떻게 백성을 새롭게 할 것인가, 어떻게 지선한 지점에 머물 것인가를 살펴 이해[理會]해야 한다. 머물 곳을 안다[知止]나 얻을 수 있다[能得] 같은 곳들은 그리 긴요하지 않다. 성인이 단지 머물 곳을 아는 것에서부터 얻을 수 있음까지 이어지는 양상[樣子][2]을 이곳에 설명해 두신 것뿐이다.

<우(寓)의 기록.>(61세 이후).

주석

1 지知/정定/정靜/안安/려慮/득得 가운데 심지의 확정[定]부터 사려함[慮]까지를 말한다.

2 양자(樣子)는 모양새, 구조, 형태 등을 뜻한다.

14:167[1]

陳子安問: "知止至能得, 其間有工[2]夫否?"

진자안(陳子安)[3]의 질문: '머물 곳을 안다'부터 '얻을 수 있다'에 갈 때까지 중간에 힘써 노력해야 합니까?

曰: "有次序, 無工夫. 才知止, 自然相因而見. 只知止處, 便是工[4]夫."[5]

대답: 순서는 있지만 힘써 노력할 지점은 없다.[6] 머물 곳을 알기만 하면 (나머지 네 가지는) 자연스럽게 서로 이어서[相因] 드러난다. 오직 머물 곳을 안다는 부분만이 힘써 노력할 지점이다.

又問: "至善須是明德否?"

다시 질문함: 지선(至善)이 명덕(明德) 아닙니까?[7]

曰: "至善雖不外乎明德, 然明德亦有略略明者. 須是止那極至處."
<銖>.[8]

대답: 지선이 비록 명덕에서 벗어나지 않기는 하지만 명덕의 밝기가 희미한 경우도 있으니 (그런 경우) 저 지극히 선한 지점에서 머물러야 한다. <수(銖)의 기록>(67세 이후).

주석

1 지록 13:146에 실려 있다.

2 지록에서는 '공(工)'을 '공(功)'으로 썼다.

3 인적사항은 달리 알려지지 않았다. 어류에서도 이곳 한 군데에서만 등장한다.

4 지록에서는 '공(工)'을 '공(功)'으로 썼다.

5 조선고사본에서는 이 뒤에 작은 글씨로 '수(銖)'가 더 있다. 주자어류휘교에서는 여기까지가 본래 하나의 조목이고 이 다음부터 끝까지가 또 독립된 하나의 조목이며, 두 조목 모두 기록자가 '수'인 듯하다고 추정했다. 그러나 지록에서도 이 부분이 통째로 하나의 조목임을 감안하면 휘교의 추정은 사실일 가능성이 낮다. 그보다는 이 대답부분, 혹은 뒤이어 나오는 재질문부의 발화자가 수(銖)임을 표시한 것이 아닐까 생각한다.

6 앞선 몇 조목에서 반복해서 강조한 이야기이다. 이 몇 가지는 자연스러운 진행순서이지 각 단계별로 노력해야 하는 과제물이 아니다.

7 각각의 상황과 사건에 있어서 각자가 처해야 할 최선의 스탠스, 도덕적으로 가장 훌륭한 포지션이 있다. 그런 포지션/스탠스가 '지선'이고 그런 포지션을 잡고 그 자리에서 움직이지 않아야 함을 아는 것이 '머물 곳을 안다'이다. 예컨대 곤경에 처한 사람이 눈 앞에서 도와달라고 외치는 상황/사건에서는 (달리 고려할 요소가 없을 경우) 내 힘 닿는 한 도와주는 것이 가장 훌륭한 스탠스(=지선)이다. 이것을 아는 것이 '머물 곳을 안다'이고 실제로 그 사람을 도와주는 데까지 성공할 경우 '얻었다'고 한다. 명덕은 그런 가장 훌륭한 스탠스를 알고 있는 자기 자신이다. 무엇이 가장 훌륭한지에 대한 앎이 우리 내면에 있다고 한다면 가장 훌륭한 스탠스란 사실 자기 마음 속의 밝은 빛과 내용상 동치이다. 사랑이라는 덕목과 남을 사랑하는 나의 마음은 전자는 객관도덕률이요 후자는 나의 도덕심리라는 차이가 있지만 그 실질은 다르지 않다. 이러한 취지에서 질문자의 말처럼 '지선은 명덕이다'라고 주장하는 것이 가능하다.

8 이 마지막 대답은 14:106의 마지막 발언과 일치한다.

14:168

眞知所止, 則必得所止, 雖若無甚間隔, 其間亦有少過度處. 健步勇往, 勢雖必至, 然移步亦須略有漸次也.

진정으로 머물 곳을 알았으면 필연적으로 머물 곳을 얻게 된다.[1] 비록 (앎과 얻음 사이에) 별 간격이 없어 보이지만 그 사이에는 역시 거쳐가야 하는 약간의 단계들이 존재한다. 굳건하고 용맹하게 앞으로 나아가서 필연적으로 목적지에 도달할 기세라고 하더라도 발걸음을 옮기는[移步] 데에는 역시 순서가 있을 수밖에 없다.[2]

주석

1 취해 마땅한 가장 훌륭한 스탠스를 진정으로 알았으면 실제로 그 스탠스를 취하게 된다는 뜻이다.

2 일역판은 회암집(晦庵集) 권57의 답진안경(答陳安卿) 제 2서와 5서, 그리고 대학혹문(大學或問)의 해당부분을 인용하여 주희의 이러한 밍밍한 태도에 대하여 진순이 만족하지 못했음을 보여주고 있다. 일단 진정한 앎이 필연적으로 진정한 실천을 이어진다고 말해버리면 여기에는 필연성이 존재하므로 양자 사이에 그 어떤 '간격'도 존재하지 않게 된다. 간격이 존재한다는 것은 실천실패의 리스크가 존재한다고 자인하는 것에 다름아니며, 이러한 리스크를 자인하는 순간 앞에서 '필연적'이라고 말한 것은 거짓말이 되어버린다. 실패할 수 있는 미션을 필연적으로 성공한다고 묘사해서는 안 된다.

14:169

林子淵問知止至[1]能得.

임자연(林子淵)[2]이 '머물 곳을 안다'부터 '얻을 수 있다'까지에 대하여 질문.

曰: "知與行, 工夫須著並到. 知之愈明, 則行之愈篤; 行之愈篤, 則知之益明. 二者皆不可偏廢. 如人兩足相先後行, 便會漸漸行得到. 若一邊軟了, 便一步也進不得. 然又須先[3]知得, 方行得. 所以大學先說致知, 中庸說知先於仁·勇, 而孔子先說'知及之'. 然學問·愼思·明辨·力行, 皆不可闕一." <賀孫>.

대답: 앎과 실천은 둘 다 해내도록(並到) 노력[工夫]해야 한다. 앎이 더욱 밝아지면 실천이 더욱 독실해지고 실천이 더욱 독실해지면 앎이 더욱 밝아진다. (그러므로) 이 두 가지는 어느 한 쪽을 버려둘 수 없다. 예컨대, 걸을 때 사람의 두 다리가 서로 앞서거니 뒷서거니 교차하면 점점 앞으로 나아갈 수 있는 것과 같다. 만약 어느 한쪽 다리라도 물러[軟]지면[4] 한 걸음도 전진할 수 없다. 그래도 우선은 알아야만 실천할 수 있다. 그래서 대학(大學)에서는 치지(致知)를 먼저 말했고[5] 중용(中庸)에서는 인(仁)과 용(勇)보다 지(知)를 먼저 말했다.[6] 공자(孔子)는 '앎이 충분해도...'[7]라고 했다. 그래도 배우고 묻고[學問], 신중히 사려하고[愼思], 명확히 분별하고[明辨], 힘껏 실천하는[力行][8] 것은 그 무엇도 빼먹을 수 없다. <하손(賀孫)의 기록>(62세 이후).

주석

1 조선고사본에서는 이 뒤에 '이후(而後)'가 더 있다.

2 14:37과 38에 등장했다.

3 조선고사본에서는 이 뒤에 '시(是)'가 더 있다.

4 쉬지 않고 잘 걷는 것을 '굳세다'고 하고 제대로 못 걷는 것을 '연하다'(軟)고 한다. 여기서는 어감을 살리기 위해 무르다로 번역했다.

5 8조목 가운데 언급 순서로 2위이다. 1위인 격물이 사실상 치지와 구별되지

않는다는 것을 감안하면 공동 1위라고 해도 무방하다.

6 중용 제 20장에 '지인용'이라고 쓴 것을 말한다.

7 논어 15:32. 지급지(知及之)를 인불능수지(仁不能守之)보다 앞서 말했다.

8 중용 제20장에 나오는 다섯 공부를 네 개로 압축하고 글자를 약간 바꿔서 인용한 것이다. 본래는 박학(博學)/심문(審問)/신사(愼思)/명변(明辯)/독행(篤行)이다.

14:170

問[1] "知止能得"一段.

'머물 곳을 알고 … … 얻을 수 있다' 단락에 대한 질문.

曰: "只是這箇物事滋長得, 頭面自各別. 今未要理會許多次第, 且要先理會箇知止. 待將來熟時, 便自見得."

대답: 이 부분은 (자연스럽게) 자라나는 것인데[滋長得] 첫머리[頭面]만 성격이 본래 다르다.[2] 일단 아직은 이런 여러 단계들을 살필[理會] 필요가 없다. 우선 '머물 곳을 안다[知止]' 하나를 잘 살펴야 한다. 장차 익숙해지면 (그 뒤로 이어지는 단계들은) 저절로 이해할 수 있을 것이다.

先生論看文字, 只要虛心濯去舊聞, 以來新見. <時擧>.

선생께서는 글을 읽는 것을 논하실 적에 단지 마음을 비우고 예전에 들은 것을 씻어내어 새로운 견해를 받아들이라고[濯去舊聞, 以來新見][3] 하셨다. <시거(時擧)의 기록>(64세 이후).

주석

1 조선고사본에서는 이 뒤에 '대학(大學)'이 더 있다.

2 일역판은 '공부가 순숙해지면 서로 다른 면모가 저절로 모습을 드러낸다'와 같이 풀었다. '자장득'을 공부의 진전으로, '두면'을 면모로, '각별'을 서로 다르다로 풀이한 결과다. 영역판은 'this is the same thing-event which manifests itself in different faces'라고 했는데 이렇게 되면 '자장득'은 누락된 것이다. 본서에서는 다른 조목들을 참조하여 '자장득'을 지/정/정/안/려/득으로 전개되는 시퀀스의 자연스러움과 필연성을 말한 것으로, '두면자각별'은 첫머리인 '지지(知止)'는 나머지 항목들과 본래 성격이 다르다는 말로 보았다. 14:160과 167을 보면 나머지 모든 항목이 자연스러운 인과적 연쇄인 것에 반해 '지지(知止)'만큼은 특별히 노력[工夫]을 기울여야 하는 곳이라고 강조하고 있다.

3 장재(張載)의 말인데, 원문과 약간의 차이가 있다. 장자전서(張子全書) 권 7 학대원(學大原) 하(下). '의리에 의문이 있거든 과거의 견해를 씻어내어 새로운 뜻을 받아들이라(義理有疑, 則濯去舊見, 以來新意).' 근사록(近思錄) 권3에서도 인용하고 있다.

14:171[1]

黃去私問[2]知止[3]至[4]能得.

황거사(黃去私)[5] 가 '머물 곳을 안다'부터 '얻을 수 있다' 까지 부분에 대해 질문함.

曰: "工夫全在知止. 若能知止, 則自能如此." <人傑>.

노력할 지점[工夫]은 모두 '머물 곳을 안다[知止]'에 있다. 머물 곳을 알기만 하면 저절로 이렇게[6] 할 수 있다. <인걸(人傑)의 기록>(51세 이후).

주석

1 조선고사본에서는 이 조목과 15:47이 합하여 하나의 조목을 이루고 있다. 이 조목이 앞에 나오고 뒤이어 15:47이 나온다.

2 조선고사본에서는 이 뒤에 '대학(大學)'이 더 있다.

3 조선고사본에서는 이 뒤에 '이후유정(而後有定)'이 더 있다.

4 조선고사본에서는 이 뒤에 '려이후(慮而後)'가 더 있다.

5 황의강(黃義剛)의 형인 황의용(黃義勇)이다.

6 그 뒤로 이어지는 정(定)/정(靜)/안(安)/려(慮)/득(得)을 말한다.

14:172

知止至能得, 譬如喫飯, 只管喫去, 自會飽. <德明>.

'머물 곳을 안다'부터 '얻을 수 있다'까지는 밥을 먹는 것과 같다. 쭉 먹다 보면 저절로 배가 찬다.[1] <덕명(德明)의 기록>(44세 이후).

주석

1 지/정/정/안/려/득으로 전개되는 시퀀스의 자연스러움과 필연성을 말한다. 14:144를 보라.

14:173

問知止至能得.

'머물 곳을 안다' 부터 '얻을 수 있다' 까지에 대해 질문함.

曰: "如人飮酒, 終日只是喫酒. 但酒力到時, 一杯深如一杯." <儒用>.

대답: 음주와 비슷하다. 하루 종일 술을 마시다 주량의 한계에 달하고 나면 그때부터는 한 잔에 한 잔 만큼 취기가 깊어진다.[1)]

<유용(儒用)의 기록>(70세).

주석

1 직전 조목과 마찬가지로 지/정/정/안/려/득으로 전개되는 시퀀스의 자연스러움과 필연성을 형용한 것이다. 14:144를 보라.

14:174[1)]

知止至能得, 是說知至·意誠中間事. <閎祖>.

'머물 곳을 안다' 부터 '얻을 수 있다' 까지는 앎이 지극해진다[知至]와 의지가 진실해진다[意誠][2)] 사이의 일이다. <굉조(閎祖)의 기록>(59세 이후).

주석

1 지록 5:11에 실려 있다. 조선고사본에서는 일치하는 조목은 없고, 권 15에 유사한 구절이 실려 있을 뿐이다. '머물곳을 아는 것이 매우 어려우니, 앎이 지극해지는 것과 의지가 진실해지는 것 사이의 일이다(知止最難, 是知至意誠中間事.)'

2 지지(知至)와 의성(意誠)은 치지(致知)와 성의(誠意) 공부가 완성된 상태를 말한다. 앎을 지극히 하는 공부를 하여 앎이 지극해진 상태, 의지를 진실하게

하는 공부를 하여 의지가 진실해진 상태이다.

14:175

大學章句說靜處, 若兼動, 卽便到"得"地位, 所以細分. <方>.

(이 부분에 대한) 대학장구(大學章句)의 해석은 정적인 측면에서[1] 말한 것이다. 동적인 측면[2]을 겸하면 곧바로 '얻었다[得]'의 단계까지 가버린다. 그래서 중간 단계를 세분한 것이다.[3] <방(方)의 기록>(41세).

주석

1 시간의 흐름을 무시하고 논리상의 선후인과만을 분석했다는 말이다.

2 현실적인 시간의 흐름을 고려한다는 말이다. 예컨대 투수의 투구동작은 논리적으로 세분하자면 수십단계로도 나누어 설명할 수 있다. 다만 실제 투구는 순식간에 이루어져서 던지자 마자 공이 포수의 미트에 도달한다.

3 앎에서 실천으로 이어지는 중간단계들을 세분하자면 연쇄작용의 전말을 하나씩 열거할 수 있다. 알면 심지가 확정되고 확정되면 고요하고 고요하면 편안하고 편안하면 생각하고 생각하면 실천하게 된다는 것은 모두 이미 일어난 도덕실천을 사후에 돌이켜 분석한 것이다. 실제로는 매우 빠르게 지나가기 때문에 인간의 의식이 그것을 단계별로 관측하고 숙고할 틈이 없다.

14:176

問: "知與得如何分別?"

질문: 머물 곳을 알았다[知]와 머물 곳을 얻었다[得]는 어떻게 구별합니까?

曰: "知只是方知, 得便是在手."
대답: 알았다는 것은 이제 막 안 것이고 얻었다는 것은 손에 넣은 것이다.

問: "得莫是行所知了時?"

질문: 얻었다는 것은 알게 된 것을 실천하는 순간 아닙니까?

曰: "也是如此."

대답: 그 또한 그렇다.

又曰[1]: "只是分箇知與得. 知在外, 得便在我." <士[2]毅>.

다시 대답: 앎과 얻음을 구별하자면 앎은 바깥에 있고 얻었으면 나에게 있다. <사의(士毅)의 기록>(미상).

<知·得>[3]

<앎과 얻음에 관한 설명>

주석

1 조선고사본에서는 '우왈(又曰)'이 없다.

2 조선고사본에서는 '사(士)'가 없다.

3 조선고사본에서는 이 부분이 없다.

참고문헌목록

김고은, *어쩌다 유교걸*, 오월의봄, 2023.

다카하시 도루, *다카하시 도루의 조선유학사: 일제 황국사관의 빛과 그림자*, 상지사, 2001. 이형성(편역)

모종삼, 심체와 성체, 소명출판, 2012. 황갑연(옮김)

미우라구니오, *주자어류선집*, 예문서원, 2012. 이승연 (옮김)

신창호 외, *대학장구상설*, 박영스토리, 2019

온다 히로마사, "일본의「주자어류」역주 간행 프로젝트 현황". 동양철학 34, 2010. 343~360.

윤소정, 潘牧天 편, 語錄解三種校本合刊, 학고방, 2015.

이영호, 정선모, *표점교감 주자어류고문해의*, 성균관대학교출판부, 2013.

林麗, *朱子語類에 나타난 '得'자 용법 연구*, 고려대학교 박사학위논문, 2017.

주광호, *역학과 주자학: 역학은 어떻게 주자학을 만들었는가?*, 예문서원, 2020.

주희, 이유무, *송명신언행록*, 소명출판, 2019. 이근명(옮김)

한원진, *주자언론동이고*, 소명출판, 2002. 곽신환 (옮김)

한윤형, *상식의 독재*, 생각의힘, 2024.

한정길, "주자의 불교비판", 동방학지 116, 2002. 1~35.

陳榮捷, *朱子门人*, 華東師範大學出版社, 2007.

Daniel K. Gardner, *Zhu Xi: Basic Teachings*, Columbia University Press, 2022.

邓庆平, *朱子门人与朱子学*, 中國社會科學出版社, 2017.

中純夫 編, 朱子語類大学篇研究会 訳,『*朱子語類*』*訳注巻十四* 〔*大学一*〕, 汲

古書院, 2013. (약칭 ‘일역판’)
岡田武彦, 諸橋轍次, 安罔正篤, *朱子學大系卷 6: 朱子語類*, 明德出版社, 1981. (약칭 ‘주자학대계판’)
石立善, “宋刻本《晦庵先生语录大纲领》考－－附录朱子、范如圭、程端蒙、李方子佚文”, 宋史研究论丛 8, 2007. 360~425.
石立善, “朝鮮古寫徽州本『朱子語類』について—兼ねて語類體の形成を論ずる—”, 日本中國學會報 vol. 60, 2008.
石立善, *「朱子語録」と「朱子語類」の研究*, 京都大學 박사학위논문, 2010.
鶴成久章, “『四書纂疏』所引の朱子学文献について：『朱子語録』を中心に”, 中國中世文學會, 2023. 291 - 306.
王晓农, 赵增韬, *朱子语类选译*, 中国社会科学出版社, 2018. (약칭 ‘영역판’)
徐时仪, *《朱子语类》词汇研究*, 上海古籍出版社, 2013. (약칭 ‘사휘연구’)
徐时仪, 潘牧天, *朱子語錄*, 上海古籍出版社, 2016. (약칭 ‘지록’)
徐时仪, 杨艳, *朱子語類彙校*, 上海古籍出版社, 2014. (약칭 ‘주자어류휘교’)
杨艳, *《朱子语类》版本与语言问题考论*, 广西人民出版社, 2015.
朱傑人, 嚴佐之, 劉永翔 編, *朱子全書*, 上海古籍出版社, 安徽教育出版社, 2002.
朱熹, *朝鮮古寫徽州本朱子語類*, 中文出版社, 1982. (약칭 ‘조선고사본’)